民法一点通：

不可不知的66个生活法律常识

北京市惠诚律师事务所　吴锋　著

法律出版社
LAW PRESS·CHINA
北京

图书在版编目(CIP)数据

民法一点通:不可不知的66个生活法律常识/北京市惠诚律师事务所著;吴锋著. -- 北京:法律出版社,2022

ISBN 978-7-5197-6774-7

Ⅰ.①民… Ⅱ.①北…②吴… Ⅲ.①民法-基本知识-中国 Ⅳ.①D923

中国版本图书馆CIP数据核字(2022)第091608号

民法一点通

——不可不知的66个生活法律常识

MINFA YIDIANTONG

—BUKEBUZHI DE 66GE SHENGHUO FALÜ CHANGSHI

北京市惠诚律师事务所 吴锋 著

策划编辑 周 洁 余群化

责任编辑 周 洁 余群化

装帧设计 李 瞻

出版发行 法律出版社

编辑统筹 司法实务出版分社

责任校对 王丰 郭艳萍

责任印制 胡晓雅

经　　销 新华书店

开本 880毫米×1230毫米 1/32

印张 9.625 **字数** 211千

版本 2022年8月第1版

印次 2022年8月第1次印刷

印刷 三河市兴达印务有限公司

地址:北京市丰台区莲花池西里7号(100073)

网址:www.lawpress.com.cn

投稿邮箱:info@lawpress.com.cn

举报盗版邮箱:jbwq@lawpress.com.cn

销售电话:010-83938349

客服电话:010-83938350

咨询电话:010-63939796

书号:ISBN 978-7-5197-6774-7

定价:48.00元

凡购买本社图书,如有印装错误,我社负责退换。电话:010-83938349

序

《民法典》是新中国成立以来第一部以“法典”命名的法律。《民法典》被称为“社会生活的百科全书”，共计1260条，涉及社会生活的各个方面。《民法典》对财产权、合同、人格权以及婚姻家庭、继承、侵权责任等各方面都进行了规范，要真正理解和领悟《民法典》精髓，除了要熟悉其条款的文义解释外，更要知悉其背后深层次的理论价值与制度设计。

《民法典》包含丰富的法学理论与制度创新，要真正贯彻和有效实施《民法典》，我们需要投入大量的时间去学习和领会这些内容。为此，我们精心挑选了《民法典》各编中与人们生活息息相关的66个法律知识点，逐一进行解读，如胎儿继承权、失能老人监护、居住权的设定、高空抛物、小区业主权利保护。同时，随着科技的进步，对电子合同、“人脸识别”、游戏装备、Q币等新型财产权如何理解与适用，《民法典》也进行了规定。为了让这些知识点通俗易懂，我们结合发生在群众身边的真实案例进行解析，力争使《民法典》的内容浅显易懂，贴近群众生活。

相比于五彩缤纷的社会而言，这些案例和法律知识点的选取只能是《民法典》适用中的“冰山一角”，并不能有效反映法律条款本身的所有含义，亦无法达到对《民法典》“窥一斑而知全貌”的目的。本书的主要内容是根据作者在北京市昌平区人民广播电台所做的《民法一典通》专栏资料整理而成，亦是作者在工作之余利用有限的时间参与节目的录制和制作的成果，由于准备时间仓促，有些资料准备不足亦在所难免。对于本书中的疏漏和不足之处，敬请各位读者批评指正。

吴 锋

2022年5月5日于昌平

目　　录

第 一 章

总 则 编

第 1 讲

《民法典》是一部权利保障法

主持人：《民法典》关系到社会生活的方方面面，堪称社会生活的百科全书。从拟起草《民法典》开始，几代人经过不断地努力，中国终于在 2020 年进入了《民法典》时代。作为民事活动的基本规范，《民法典》关乎每个公民的切身利益，将为国家治理体系和治理能力现代化提供坚强的法治保障，把写在纸上的百科全书变成行动中的百科指南。我们推出的《民法一点通》一书，就是针对与百姓息息相关的话题与法学专家们为大家深入解读。《民法典》是用来保护我们公民的权利和解决纠纷的，比如生活中常见的“离婚孩子归谁”“人没了财产归谁”，就属于民事法律问题的范畴。另一类性质恶劣、情节严重的行为，比如杀人、抢劫，就属于刑事法律问题的范畴。不管是刑事法律还是民事法律，都是在《宪法》的基础上制定的，民法更加贴近我们的生活，那《民法典》之前的情况是怎么样的呢？

吴老师：一直以来民法都在保护我们的权利，在我国，原先都是由单行法来保护民事权利的，如《物权法》《婚姻法》《继承法》，2020 年颁布的《民法典》除了整合原有的法律，对相关的民法单行法进行编纂、修整和完善以外，还增加了很多新的内容，使《民法典》更加贴近群众生活，更有利于保护我们的权利，更有利于化解社会矛盾。

主持人：这是新中国第一部以法典命名的法律，开创了我国法典编纂立法的先河，也具有里程碑式的意义，那这样一部法典究竟涵盖了哪些内容？

吴老师：我先来简单地介绍一下《民法典》的内容。整部《民法典》共7编、84章、1260条，总字数多于10万字，各编依次为总则、物权、合同、人格权、婚姻家庭、继承、侵权责任，10万多字的法律条文可以说和我们每个人息息相关。听完各编的名称大家都知道了，它涵盖了我们生活的各个方面，社区、家庭、婚姻、财产，遇到各种矛盾和问题都可以在《民法典》中找到答案。一个自然人从胎儿到未成年、成年、死亡，都要受到《民法典》的调整，此外，死亡以后的继承问题，还有人格权的保护问题，《民法典》也都有规定。

主持人：看来人的一生都是由《民法典》为我们保驾护航了。《民法典》的亮点有哪些？

吴老师：《民法典》的亮点非常多。比如，《民法典》中有一项基本原则为绿色原则，设立这一基本原则就是为了把环境保护和生态修复作为《民法典》的重要内容。

主持人：我们都说《民法典》从制定到出台结合了很多具有我们新时代意义的东西。

吴老师：这次《民法典》的编纂融入了信息时代的一些发展成果，比方说，我们的虚拟财产、网络侵权等新的问题在《民法典》中也有规定，对这些问题涉及的相关权利如何保护也提供了一些解决方案。

主持人：可以说这是一部非常与时俱进的法典了。在《民法典》出台之前，全国人民代表大会先后四次启动《民法典》的制定工作，这是怎样的一个立法历程？

吴老师：可以说这部《民法典》也见证了我国立法工作的发展历程。四次启动《民法典》的编纂活动，都是考虑到我们要对稳定的社会关系进行调整，但是由于当时我们的市场经济体系不成熟，各种社会主体和社会关系处在变动之中，所以国家就制定了《民法通则》来解决当时的问题。随后，《合同法》《物权法》《继承法》相继出台。2001 年正式启动《民法典》立法工作以后，按照先完善单行法、在此基础上逐步地编纂《民法典》的思路，成熟一部完善一部，最后就形成了我们今天的《民法典》。

主持人：看来《民法典》的编纂是一个非常漫长的过程，也是一个不断优化的过程。那我们所说的最后的准备工作阶段是什么时候开始的呢？

吴老师：2019 年《民法典》草案在中国人大网公布，公开征求意见。到了 2020 年 5 月 22 日，《民法典》草案提请第十三届全国人民代表大会第三次会议审议，《民法典》编纂进入最后阶段。

主持人：据我了解，《民法典》自 2021 年 1 月 1 日就开始实行了，那《民法典》实行之后，是不是也有许多单行法就要废止了？

吴老师：是的。我们原有的《婚姻法》《继承法》，还有《民法通则》《收养法》《担保法》《合同法》《物权法》《侵权责任法》《民法总则》都要废止。

有问有答

问：我的房子是结婚前买的，现在准备离婚，也不存在婚后还贷的情况，这个房子算不算我们夫妻的共同财产？

答：不算。除非当事人在结婚以后发生了赠与。

问：被楼上的花盆砸到了，但是不知道是谁所为，我应该怎么去维权？

答：这是当前比较敏感的一个问题，因为在很多小区里边都存在这种情况，这就是我们日常所说的“高空抛物”。在《民法典》里对这个问题也进行了规定，高空抛物过程中，如果造成他人伤害，由侵权人承担责任。另外，如果发生了这些行为，建议大家报警，公安机关也有责任查明事实。

第 2 讲

胎儿是否享有继承权

主持人：今天我们来关注一个重点：胎儿是否享有继承权？《民法典》第 16 条规定：涉及遗产继承、接受赠与等胎儿利益保护的，胎儿视为具有民事权利能力。但是，胎儿娩出时为死体的，其民事权利能力自始不存在。之前的《继承法》对此有规定吗？

吴老师：《继承法》第 28 条规定，遗产分割时，应当保留胎儿的继承份额。胎儿出生时是死体的，保留的份额按照法定继承办理。

《民法典》第 16 条明确了胎儿利益保护的一般规则，使《民法典》对人的利益的保护可以追溯至出生前的胎儿时期。如果完全否定胎儿的民事权利能力，会使胎儿的权益受损，例如，胎儿在出生前其亲属死亡，那么将出现胎儿不能继承财产的情况。所以，要通过立法来避免这类不合理的情况发生。

此外，《民法典》关于胎儿利益保护的规定，不应该仅是狭义地被理解为保护胎儿的利益，从根本上讲应该理解为加强对自然人的保护。也就是说，通过将对人的保护前延至怀胎时期而确保自然人在孕育、成长过程处于良好的受保护状态，从而为日后成长为健康、健全的自然人奠定坚实的法律基础。

本条突破了《民法典》第13条关于自然人从出生时起开始具有民事权利能力的规定，确立了一项关于民事权利能力的特别规则。因为《民法典》第13条规定自然人从出生时才开始具有民事权利能力，所以本条是一项拟制性的规定，即“视为具有民事权利能力”，而不是真的具有民事权利能力。其实质上是为了保护胎儿利益，所以才将胎儿视为已经出生。

主持人：宝宝在妈妈肚子里就有一些权利了，这确实是很多人忽略的法律知识，请您具体给我们说说。

吴老师：胎儿的利益，主要是指胎儿的人格与财产利益，通常表现为继承、接受赠与的权利，但并不限于这两种权利。《民法典》第16条并没有将胎儿享有的权利限制在遗产继承、接受赠与两方面，我们注意到该条用了一个“等”字，表示胎儿的抚养费是有法律保障的，此外胎儿在孕育过程中遭受损害，父母受到人身伤害影响了对胎儿出生后的抚养，以及胎体损害等损害赔偿方面，胎儿均享有受保护的利益。

一“点”就通 ››› 以案释法

阿龙和阿贞是一对“80后”夫妻，双方未育有子女。两人在医院成功培育了2枚胚胎并冷冻，但未等到胚胎移植手术进行，阿龙便患病离世，对于阿龙遗产的分配问题，阿贞与公婆产生分歧，公婆要求立即继承属于他们的遗产，但阿贞作为妻子要求胚胎继承丈夫的遗产，双方因此对簿公堂。

主持人：吴老师，您给评评理，这事儿谁对？

吴老师：胚胎继承遗产，在法律和伦理上都有障碍。胚胎和胎儿，虽然一字之差，但却有很大的差别，这种差别直接决定其是否享有继承权。我国《民法典》规定，应当给胎儿预留继承份额，胎儿出生时是死体的，按照法定继承处理。意思是，胎儿享有继承权，出生时就可以继承遗产，如果出生时死亡，给这个胎儿预留的遗产就要由胎儿的继承人继承。但是，胚胎在法律上并不等同于胎儿，并且，我们国家明令禁止任何形式的代孕，冷冻胚胎是不被允许的，并且在一般的伦理价值观中，胚胎移植还是不能被普遍接受的。现有的法律法规中，胚胎并不是严格意义上的胎儿，因而在遗产的法定继承中存在障碍。不过，如果被继承人在遗嘱中明确，通过胚胎移植技术生育的孩子可以获得遗产，那么，这两个胚胎就享有继承权。

主持人：明白了，也就是说，这个案例并不适用这条法规，胎儿和胚胎是有本质上的区别的，是这样吗？

吴老师：是的，简单举个例子来说，如果说妻子怀孕期间丈夫去世，《民法典》遗产继承应当保护胎儿的权益，胎儿应视为具有民事权利能力，但是分娩时为死胎的，不再享有继承权。

有问有答

问：如果因交通肇事罪致人死亡，是否还需要承担受害人妻子尚未出生的胎儿出生后的抚养费呢？

答：虽然交通肇事的时候胎儿还没有出生，但由于《民法典》保留了胎儿的民事权利能力，胎儿在顺利出生后，其有权对肇事者主张赔偿，因此，在这种情况下交通肇事人是需要承担胎儿出生后的抚养费的。

【法律依据】

《民法典》

第十六条 涉及遗产继承、接受赠与等胎儿利益保护的，胎儿视为具有民事权利能力。但是，胎儿娩出时为死体的，其民事权利能力自始不存在。

第3讲

8 周岁孩子可以打酱油吗

主持人：未成年人合法权益的保障一直受到各界的关注，因为未成年人相比成年人来说，智力等方面稍显不足，吴老师，请您先给我们介绍一下法律上是如何区分未成年人和成年人的。

吴老师：18 周岁以上的自然人为成年人，不满 18 周岁的自然人为未成年人。

主持人：这个成年人与未成年人的年龄标准一直都没有变过吧？

吴老师：是的，从 1987 年《民法通则》到 2017 年《民法总则》，再到我们现行的《民法典》，这个标准是一直没有变过的。

主持人：这次的《民法典》总则编关于未成年人也有一个亮点规定。《民法典》总则编第 19 条规定，8 周岁以上的未成年人为限制民事行为能力人，实施民事法律行为应当由其法定代理人代理或者经其法定代理人同意、追认；但是，可以独立实施纯获利益的民事法律行为或者与其年龄、智力相适应的民事法律行为。对于这个条文应当如何理解呢？

吴老师：《民法典》在限制民事行为能力人年龄方面的规定没有变动，8 周岁以上的未成年人因为已经具备了一定的认识和判断能力，可以实施与其年龄、智力相适应的民事法律行为，例如，以前我们市场上有散装的酱油，孩子可以自己去打酱油或者购买一些价值不高的日常用品等，还可以独立实施纯获利益的民事法律行为。所谓纯获利益是指无须支付对价而获得利益的行为，如无条件的赠与、免除债务。但由于8周岁以上18周岁以下的孩子是限制行为能力人，因此其行为一旦超出与自己年龄、智力相适应的范围，就应由法定代理人代理实施或同意、追认。比如，孩子消费数额明显过大、购买非常规生活用品、从事商事活动等行为。

一“点”就通 ▸▸▸ 以案释法

10岁的小白最近迷上了手机游戏，偷偷用爸爸的手机在游戏网站购买“皮肤”“武器”等道具，当爸爸发现时小白已经偷偷消费了近10万元，小白的爸爸想要索回10万元。

主持人：吴老师，这位父亲可以向游戏网站要回这笔钱吗？

吴老师：根据《民法典》第19条，8周岁以上的未成年人为限制民事行为能力人，实施民事法律行为由其法定代理人代理或者经其法定代理人同意、追认；但是，可以独立实施纯获利益的民事法律行为或者与其年龄、智力相适应的民事法律行为。所以，小白作为8周岁以上的限制民事行为人，没有经过监护人同意，参与网络付费游戏或者支付网络主播平台打赏的款项与其年龄、智力不相适应，监护人请求网络服务提供者返还该款项的，人民法院应当予以支持。值得注意的是，根据“谁主张，谁举证”的原则，未成年人的法定代理人需要承担一定的举证责任，包括但不限于证明充值、打赏的网络交易行为是未成年人的行为等。

主持人：嗯，也就是说这笔钱可以追回，那这样会不会纵容诸如偷刷父母的卡等不良行为呢？这条会不会成了未成年人不良行为的“保护伞”？

吴老师：对于未成年人私自充值打赏之类的行为，并不是逢款必退。在具体案件中，如果网络经营者已经设置合理的防范技术手段，监护人对于未成年人超出自身行为能力的充值打赏存在过错，仍要由监护人在其过错范围内承担责任。因此，不能将该条款误视为监护人放任孩子使用电子设备的免责“护身符”。

主持人：实践中，对于青少年的游戏充值行为一直存在争议。《民法典》关于民事行为能力的规定意味着，8 周岁以下的未成年人没有民事行为能力，其独立实施的民事法律行为是无效的。8 周岁以上的未成年人是限制民事行为能力人，其充值行为需要经过父母或监护人同意或追认方为有效。

吴老师：是的，近几年已经有过很多类似事件，所以我们也呼吁大家一起学习《民法典》，知法守法，尤其是对未成年人的法律教育要不断加强，持续以多种形式送法进校园，进一步提升学生的法治观念，增强学生辨别是非和自我保护的能力，有效推进平安校园建设，护航未成年人健康成长。

有问有答

问：8 周岁的孩子能用压岁钱买玩具吗？

答：8 周岁以上的人，可以从事与自己年龄、智力相适应的活动，可以购买价值较小的生活用品和学习用品，但是购买数额明显过大、非常规的用品，或者进行商事行为，就超出了法律允许的范畴。所以说，8 周岁的孩子可以买价值较小的玩具，如果玩具的价值较大，就需要征得父母同意，在家长陪同下购买。

问：孩子今年10岁，拿着自己的零花钱买了一部1000元的手机，能让商家退货吗？

答：8周岁以上的未成年人为限制民事行为能力人，实施民事法律行为由其法定代理人代理或者经其法定代理人同意、追认。尽管孩子用的是自己的零花钱，但仍然需要监护人的同意，因此可以要求商家退款。

问：孩子8岁了，总拿着我的手机玩，我开始并没有在意，后来发现他拿手机给游戏直播主播打赏共计5万元，请问这个钱还能要回来吗？

答：8周岁以上的未成年人为限制民事行为能力人，如果孩子没有经过监护人同意参与网络付费游戏或者网络主播平台打赏的款项与其年龄、智力不相适应的，监护人请求网络服务提供者返还该款项的，人民法院应予以支持。但是，未成年人的法定代理人需要承担一定的举证责任，包括但不限于证明充值、打赏的网络交易行为是未成年人孩子的行为等。

【法律依据】

《民法典》

第十九条 八周岁以上的未成年人为限制民事行为能力人，实施民事法律行为由其法定代理人代理或者经其法定代理人同意、追认；但是，可以独立实施纯获利益的民事法律行为或者与其年龄、智力相适应的民事法律行为。

第 4 讲

失能老人须监护

主持人： 从摇篮到坟墓，生老病死都有《民法典》保护我们。今天让我们继续学习《民法典》总则编。

“家有一老，如有一宝”，但不是每个人都把这“一老”当宝，尤其是当老人失去生活自理能力的时候，有一些人就忘了本，对老人不闻不问、不管不顾。

吴老师： 是的，这样的案例我确实看过不少，有时候看得让人心情很复杂。比如说某地空巢夫妻离世的事件，大妈患有阿尔茨海默病，完全丧失了生活自理能力，平时都是老伴照顾，但老伴突发意外在家离世，最后大妈因为得不到照顾，死于脱水和饥饿，10 多天后才被从外地赶回家的儿子发现。其实，儿子早前打过电话无人接听，但并未放在心上，各种原因加在一起，最终造成了不可挽回的悲剧。

主持人： 《民法典》总则编关于失能老人有一个亮点规定，第 22 条规定，不能完全辨认自己行为的成年人为限制民事行为能力人，实施民事法律行为由其法定代理人代理或者经其法定代理人同意、追认；但是，可以独立实施纯获利益的民事法律行为或者与其智力、精神健康状况相适应的民事法律行为。吴老师，怎么理解失能老人须监护？

吴老师：过去，“不能辨认”和“不能完全辨认”是用来界定精神病人是无民事行为能力人还是限制民事行为能力人的标准。然而，像植物人、患有阿尔茨海默病的老年人的行为能力认定一直是个空白。《民法典》规定，只要是不能完全辨认自己行为的成年人都可以被认定为限制民事行为能力人，这就将丧失生活自理能力的老人也纳入了民法的保护范围，扩大了被监护人的范围，可以更好地保护失能老人的人身和财产权益。

一“点”就通 ▸▸▸ 以案释法

上有老下有小，是很多人的现状，为了照顾家中失能老人，很多人请了护工或者保姆。近日，山东一名80岁老人遭到护工虐待。监控显示，用餐期间耿姓男护工不断拍打老人头部，并大力拖拽坐在椅子上的老人。刘女士发现父亲脸部淤青，隐私部位破损流血。对此，这位护工解释称，老人脸上的淤青是下楼时不小心磕伤的，而隐私处表皮受损是其用毛巾给老人擦拭排泄物时不小心擦伤的。拍打头部也并非殴打，是为了催促老人快速用餐。虽然监控视频无法证实导致老人受伤的具体原因，但刘女士还是选择了报警。

主持人：刘女士说，在虐待父亲的护工受到公安机关的行政处罚后，作为老人的子女，他们根据法律规定，就父亲被故意伤害一案所产生的损害赔偿，向法院提起民事诉讼，通过法律途径为父亲讨回公道。

吴老师：在本案中，护工随意殴打老人，可能会触犯《治安管理处罚法》的有关规定，会被处以治安管理处罚，如果情节严重，甚至可能构成《刑法》中的虐待被监护、看护人罪或者故意伤害罪。

公民、法人由于过错侵害国家的、集体的财产，侵害他人财产、人身的，应当承担民事责任。这里的责任要根据行为人主观上是否具有故意或者过失来确定。家政公司对其家政人员是有审查义务的，如果该公司对其家政人员各项基本情况的审查失职失责，则需要承担过错责任。家政公司如果收取了保证金，那其作为保证人也有相应责任。具体可以参照双方签订的合同执行。因此，家政公司是需要承担赔偿责任的，刘女士可以向其提起诉讼要求赔偿，同时家政公司也有对家政人员追偿的权利。

主持人：那作为家人，是否也存在监护不到位的问题呢？

吴老师：《民法典》规定，监护人的职责是代理被监护人实施民事法律行为，保护被监护人的人身权利、财产权利以及其他合法权益等。这从法律上明确规定了我们子女的监护职责。现在年轻人生活压力大，工作繁忙，很多人不得已都会请住家的护工或者把老人送到养老院，随着监护意识的增强，年轻人也会在家里安装摄像头，但悲剧还是屡见不鲜。子女们一定要承担起法律义务，除了在聘用护工时仔细核查资质，还要在商务部家政信用信息平台进行核查，但最重要的还是年轻人平常应该多关心看望老人，和老人谈心，不要委托给别人后就撒手不管。

主持人：这可能是大多数监护人头疼的地方，他们也想好好孝敬老人，可是又抽不开身，花钱又怕老人被伤害，所以，进一步提高养老服务业从业人员的素质是非常有必要的。

还有一个问题是，老人的监护权可以更改吗？前段时间有一则新闻：扬州 99 岁的曹大爷在老伴去世后，自费请了保姆胡女士，但子女听闻街坊传言后把保姆给辞了。为请回保姆，他与子女产生了分歧，并打算走法律途径，欲将监护人变更为保姆。吴老师，这样合法吗？

吴老师：《民法典》第33条对变更监护人是有规定的，具有完全民事行为能力的成年人，可以与其近亲属、其他愿意担任监护人的个人或者组织事先协商，以书面形式确定自己的监护人，在自己丧失或者部分丧失民事行为能力时，由该监护人履行监护职责。监护权本质上还是为了保护被监护人的合法权益，虽然最后的变更要综合考虑各种因素，但老人是有权决定保姆去留的，子女无权干涉。

主持人：所以说，不光是失能老人需要监护，可以自理的老年人的监护也要到位。调查表明，北京目前有4.78%的老年人为失能老人。同时，因工作强度高、压力大、工资低等问题，北京老年服务与管理等专业的毕业生3年内行业留存率仅为约30%。面对即将到来的“老龄社会”，除了监护人要尽自己的义务和责任，社会也应该重视养老问题，让老年生活变得更加和谐美好。

吴老师：是的，老年人是弱势群体，我们更应该全力保障他们的基础生活。近年来，大家很关注养老问题，很多地方的养老中心、养老院都做得很好，也非常细心，一些创新想法我们应该学习借鉴。

主持人：没错，你养我长大，我陪你到老，也希望各位朋友都能担起自己的家庭责任。

有问有答

问：限制行为能力人的老人能否单独购买小区推销的价值2999元的保健药品？

答：这种买卖行为是没有效力的，购买与限制行为能力人的智力、精神状况不相适应的贵重物品，是需要经过监护人同意、追认的。

【法律依据】

《民法典》

第二十二条　不能完全辨认自己行为的成年人为限制民事行为能力人，实施民事法律行为由其法定代理人代理或者经其法定代理人同意、追认；但是，可以独立实施纯获利益的民事法律行为或者与其智力、精神健康状况相适应的民事法律行为。

第5讲

基层群众自治性组织法人为特别法人

主持人：生活中，我们经常听到有人自称“我是×××公司的法人”，似乎觉得“法人”是一种身份的象征。但其实，法人这个概念根本就不是指某个人。是这样吗，吴老师？

吴老师：《民法典》对于法人的定义为：法人是具有民事权利能力和民事行为能力，依法独立享有民事权利和承担民事义务的组织。换句话说，法人不是人而是组织，但是不是所有的组织都可以叫作法人，必须是具有民事权利能力、民事行为能力，还能够独立享有民事权利和承担民事义务的组织，才有资格叫作法人。典型的法人就是我们日常所熟知的“公司”了。

主持人：那它不是一个人，为什么要叫“法人”？

吴老师：因为法人是法律拟制的人，跟人一样享有权利并承担义务，存在出生（设立）和死亡（注销）。实际上，法人只存在于我们共同的想象之中。

主持人：明白了。《民法典》第一编第三章将法人分为营利法人与非营利法人，其基本思路仍然延续了我国此前《民法通则》中“企业法人与非企业法人”的分类路径，只不过言语表述更加规范，相关范畴也更为明朗。但是，《民法典》还有一个“特别法人”制度，这是为什么？

吴老师：这是因为我国当下还存在一些数量庞大、分布范围广泛、实际功能重要但却难以被划入营利法人与非营利法人任一阵营的组织体，而它们在实践中又确实存在从事私法活动的现实需求，比如农村集体经济组织。特别法人制度的纳入首先是为了弥补营利法人与非营利法人二分体系之不足，借此填补此种二分体系在我国当下的适用实践中遗留的空白。

主持人：说到农村集体经济组织，《民法典》里有一条规定大家很关注，第 101 条规定，居民委员会、村民委员会具有基层群众性自治组织法人资格，可以从事为履行职能所需要的民事活动。未设立村集体经济组织的，村民委员会可以依法代行村集体经济组织的职能。这个怎么理解？

吴老师：《民法典》将基层群众性自治组织法人化，是推进法治建设和机构改革的必然要求。这意味着居民委员会、村民委员会享有独立的民事主体资格，可以从事为履行职能所需要的民事活动，使这些与群众联系最直接最紧密的基层组织能够最大程度地发挥自治功能。

村集体经济组织与进行村务管理的村民委员会不同，它主要负责村集体的生产经营活动，是两套组织体系，但村民委员会可以代替村集体经济组织实施组织决策、财产处置、合同签订等行为。

为了适应社会主义新农村的建设和发展，各地有不少村子引入公司化运营机制，建立了新型农村集体经济组织。《民法典》也专门设立了“特别法人”一章，规定居民委员会、村民委员会具有基层群众性自治组织法人资格，可以从事为履行职能所需要的民事活动。

一"点"就通 ››› 以案释法

2009年，某村为推进新农村建设，决定启动整建制搬迁工程。被告郑某某系第一期搬迁村民，该村村民委员会为被告郑某某等12人分配了住房。因对村集体后续搬迁分房政策不满，被告郑某某等12人在搬进应分得的房屋后，将村内小区未分配的12套住房换锁，并占为己有。2013年，村民委员会诉至人民法院，请求人民法院依法判令郑某某等12位被告返还村集体房屋。郑某某等12位被告不同意返还房屋，12位被告认为自己虽然确实按《某村整建制搬迁工程实施方案》分配到了第一期新房，但后来村民委员会没有严格按照方案执行，在第二期、第三期搬迁过程中存在分房不公的现象。例如，一部分人可以在自己的宅基地上建房，不在搬迁规划区居住，甚至盖平房；一部分人分配到的新房面积超标；有些人不交个人负担部分费用也可入住；有些人户口早已迁出本村，在搬迁过程中将户口迁回也可以分房；部分村干部存在违反实施方案的情况，违规建房，多占面积。

吴老师：根据《民法典》第265条第1款的规定，集体所有的财产受法律保护，禁止任何组织或者个人侵占、哄抢、私分、破坏。本案诉争的房屋是某村整建制搬迁工程中未分配的住房，其所有权应归属村集体所有，郑某某等被告未经法定程序私自占有，实属不当，该村村民委员会要求返还该房屋的诉讼请求，于法有据，应予以支持。如果村民委员会及其工作人员确有违反有关规定的行为，被告可以依法提起诉讼，或通过其他方式依法解决。无论是行使权力还是主张权利，都要在法律的轨道上进行。

主持人：居民委员会、村民委员会具有基层群众性自治组织法人资格，可以从事为履行职能所需要的民事活动，这类民事活动有哪些呢？

吴老师：这里的民事活动是指居民委员会、村民委员会职能范围内可以从事的活动。《城市居民委员会组织法》《村民委员会组织法》中对二者的职能都有相应规定，比如，居民委员会可以进行政策法规宣传、办理公共事务和公益事业、调解纠纷、维护治安、协助进行一些行政事务管理、管理本居民委员会的财产。如果从事超越其职能定位的民事活动，则民事行为无效。

主持人：现在村民委员会有一些独立经费，既要承担法律责任，也要开展民事活动。法人可以从事民事活动。基层群众性自治组织和农村集体经济组织在设立、变更和终止，管理的财产性质，成员的加入和退出，承担的职能上都有其特殊性，确立特别法人资格，有利于其更好地参与民事生活，也有利于保护其成员和与其进行民事活动的相对人的合法权益。

有问有答

问：某老旧小区常年没有物业管理，在小区改造中，居民委员会可以直接与新物业公司签订服务合同吗？

答：居民委员会并没有被授予与物业公司签订服务合同的权利，其行为是无效的，选聘和解聘物业公司，应当召开业主大会，由业主共同决定。

【法律依据】

《民法典》

第一百零一条 居民委员会、村民委员会具有基层群众性自治组织法人资格，可以从事为履行职能所需要的民事活动。

未设立村集体经济组织的，村民委员会可以依法代行村集体经济组织的职能。

第二章

物权编

第6讲

小区业主共有部分产生的收益应归谁

主持人： 将小区空地用作停车场产生的收入，利用建筑物外墙面、电梯等产生的广告收入，应当属于业主共有。然而，实践中，有部分建设单位、物业服务企业或者其他管理人，截留了利用业主的共有部分产生的收益，用于充抵部分业主欠缴的物业费等费用，侵害了其他业主的权利。下面我们来和大家一起聊聊《民法典》物权编这方面内容的相关规定。

平时我们在自家小区乘坐电梯时，经常看到电梯里有很多广告显示牌，细心的人不难发现这些广告还会定期更换，这个时候就有人要问了，这是我当初买房子公摊的面积，这广告打到我自家的地盘上，这事儿我怎么不知道？

吴老师： 确实是。关于小区共有部分收入归属的规定是《民法典》物权编中新增的内容，建设单位、物业服务企业或者其他管理人等利用业主的共有部分产生的收入，在扣除合理成本之后，属于业主共有。很多小区电梯中的广告电视，或者立式的广告牌等，实际上都属于建筑物的共有部分，由此产生的收入属于业主共有的权利。实践中，很多物业公司没有将这些广告费用、停车收费等收益作出公示说明，这些收益事实上属于我们业主可以主张的权利。

主持人：其实，近些年也有一些物业公司率先作出示范。江苏省苏州市高新区朗香小区业主乐开了花，小区业主委员会发大红包。606户人家总共领到了24万元现金，并且，还是由业主委员会成员挨家挨户把大红包送到居民手中。因为小区业主委员会和物业签订了协议，从他们那里争取到了小区的公共收益。其实，发这种公共收益红包的小区并不止这一家。早在2015年7月，苏州工业园区都市花园就将公共收益126万元以物业补贴的形式发给了业主。不过，这样的案例还是比较少，以前因为没有相关的法律约束，所以很多物业就将这部分收入归为己有了。

吴老师：是的，《民法典》应当增设该条内容。一方面，为物业服务企业等管理人和业主提供明确的行为指引；另一方面，为法院裁判相关案件提供法律依据。

主持人：有了法律的约束，物业的管理也将更加规范，公共部分的收益也应该更加公开透明。

吴老师：是的，这部分收益不仅可以发放给各业主，也可以争得业主同意后利用到小区的绿化改造或者公共服务上来！

有问有答

问：听说楼道和电梯算我们业主共同所有，想问一下律师，小区内的道路属于谁所有？

答：属于业主共有。《民法典》第274条规定："建筑区划内的道路，属于业主共有，但是属于城镇公共道路的除外。建筑区划内的绿地，属于业主共有，但是属于城镇公共绿地或者明示属于个人的除外。建筑区划内的其他公共场所、公用设施和物业服务用房，属于业主共有。”第 275 条第 2 款规定：“占用业主共有的道路或者其他场地用于停放汽车的车位，属于业主共有。”

【法律依据】

《民法典》

第二百八十二条　建设单位、物业服务企业或者其他管理人等利用业主的共有部分产生的收入，在扣除合理成本之后，属于业主共有。

第7讲

居住权的设立对我们有什么帮助

主持人：居住权“入典”，在租赁之外提供了一种更为有效的制度安排，从而缓和所有权与使用权之间的紧张关系，充分发挥住宅的使用价值。比如，在实际生活中男女双方离婚，完全可以为无房一方设立居住权，而由另一方享有所有权，这样即便所有权人另行处分房屋，也不会影响居住权人的利益。生活中，其实还有很多关于房屋居住的问题，可以通过设立居住权来解决！

买过二手房的朋友都有经验，有关交易手续比较烦琐，要查询房屋的权属、司法查封、有无抵押等情况，否则就可能出现钱给了但房子过不了户的窘境。而就在《民法典》出台后，买二手房可能还要再增加一个查询项目，这就是“居住权”。什么是居住权呢？

吴老师：《民法典》第366条规定，居住权人有权按照合同的约定，对他人的住宅享有占有、使用的用益物权，以满足生活居住的需要。

主持人：我们应该怎么去设立自己房屋的居住权呢？

吴老师：按照《民法典》的规定，“居住权”的设立方式包括采用书面形式订立居住权合同，以遗嘱方式设立居住权。之前在我们办理的一些离婚案件中，夫妻双方离婚后，妻子如果没有房屋所有权，又没有其他住房，一般都是判决居住一段时间后搬出。居住权保护了特殊人群的需求，不过，享有居住权的当事人不能对居住的房产进行出租、收益和处分。

主持人：这也是对房屋所有权人的保障。我还有一个疑问，既然把房子的居住权给我了，我可不可以把这个居住权进行转让呢？

吴老师：居住权是不得转让和继承的，并且设立居住权的住宅不得出租。新增居住权作为用益物权，实际上是把居住权和所有权分开，设立了居住权的房屋，其自由处置受到限制，在房屋交易过程中可能会遇到障碍，甚至就算房屋完成了过户，因为所购买的房屋已经登记了居住权，买房者也可能无法入住。居住权期限届满或者居住权人死亡，居住权消失。

有问有答

问：居住权的设立有法律限制范围吗？

答：没有限制范围，人们可根据自己的实际需要来设立自己房屋的居住权。《民法典》第 366 条规定：居住权人有权按照合同约定，对他人的住宅享有占有、使用的用益物权，以满足生活居住的需要。

【法律依据】

《民法典》

第三百六十六条　居住权人有权按照合同约定，对他人的住宅享有占有、使用的用益物权，以满足生活居住的需要。

第三百六十七条　设立居住权，当事人应当采用书面形式订立居住权合同。

居住权合同一般包括下列条款：

（一）当事人的姓名或者名称和住所；

（二）住宅的位置；

（三）居住的条件和要求；

（四）居住权期限；

（五）解决争议的方法。

第三百六十八条 居住权无偿设立，但是当事人另有约定的除外。设立居住权的，应当向登记机构申请居住权登记。居住权自登记时设立。

第三百六十九条 居住权不得转让、继承。设立居住权的住宅不得出租，但是当事人另有约定的除外。

第三百七十条 居住权期限届满或者居住权人死亡的，居住权消灭。居住权消灭的，应当及时办理注销登记。

第三百七十一条 以遗嘱方式设立居住权的，参照适用本章的有关规定。

第 8 讲

财产抵押期间，抵押人可以转让抵押财产吗

主持人：《民法典》不仅无微不至地关注民众的日常生活，也为市场经济注入新的活力，特别对融资担保抵押制度作出了重大调整，并确立了抵押物可自由转让的新规则。

抵押权其实在我们生活中比较常见，举一个生活中的例子。比如，有人找你借 10 万元，但是关系一般，你不太愿意借给他，于是，他说："我给你利息，你也别担心我不还钱，你看我的这辆宝马车还值点钱，我把它抵押给你，到时候如果我还不上钱，你就把这辆车卖了，卖的钱先给你。"如果按照之前的《物权法》的规定，抵押物必须经过抵押权人允许才可以买卖。但是，《民法典》较之前的《物权法》有新的规定，抵押期间，抵押物是可以买卖的。这时候就有人提问，这都抵押给我了，你再买卖，我的权益得不到保障，这该怎么办？

吴老师：《民法典》第 406 条第 1 款规定：抵押期间，抵押人可以转让抵押财产。当事人另有约定的，按照其约定。抵押财产转让的，抵押权不受影响。通过法条的比较你会发现，《民法典》与《物权法》相比，更加偏向于保护市场的流通性，对于抵押权人的保护就不那么周全了。所以，如果你是债权人的话，

以后有人找你借钱，设立抵押权时，为了保护自己的利益，可以约定不得转让抵押物。

主持人：如果有一个人买这辆抵押的宝马车，抵押权人和买受人谁的权利应该优先得到保护呢？

吴老师：动产抵押对于经营活动中的买受人无追及效力。也就是说，哪怕是登记的抵押权，都不可以对抗这种经营活动中的买受第三人。

主持人：嗯，明白您说的意思了，但是还有一点不太理解，《民法典》第403条规定，动产抵押权未经登记，不得对抗善意第三人，那么不就可以理解成，一经登记就可以对抗所有第三人了吗？但是，《民法典》第404条又规定了动产抵押权不得对抗正常经营活动中已经支付合理价款并取得抵押财产的买受人，这不是前后矛盾吗？

吴老师：其实，这两条是相互补充的，并不存在矛盾。这两条主要是对善意第三人的保护。比如，如果一个动产没有经过抵押登记，第三人在不知道存在抵押的情况下，按照市场合理对价购买了这辆车，这时候就应该保护第三人的合法权益。同时，也要注意，尤其在动产抵押方面，如果没有办理抵押登记，对于抵押权人的权利保护也是比较弱的，抵押权人可能由于没有办理抵押登记而将标的物出售给第三人，以至于在保护自身权益时存在较大的困难。

有问有答

问：朋友推荐给我一套房子，他说价格要比其他同等位置的房子优惠一些，买这样的房子我需要注意什么？

答：除了仔细审查合同细节条款以外，可以看房子有无争议，是否设定居住权、抵押权，是否还在租赁期限内，有没有房产证等。

问：自己刚买的新房子没有住进去就被告知是抵押房产，我们应该怎么维权？

答：这属于卖房人存在重大隐瞒行为的情况，这种情况一旦发生，我们就要严格审查购房合同，看看对于这种重大事项卖房人是否尽到告知义务。如果未尽到告知义务，可以要求退房、向法院起诉要求解除合同、减免房屋价款，或者要求对方承担违约责任。

【法律依据】

《民法典》

第四百零六条　抵押期间，抵押人可以转让抵押财产。当事人另有约定的，按照其约定。抵押财产转让的，抵押权不受影响。

抵押人转让抵押财产的，应当及时通知抵押权人。抵押权人能够证明抵押财产转让可能损害抵押权的，可以请求抵押人将转让所得的价款向抵押权人提前清偿债务或者提存。转让的价款超过债权数额的部分归抵押人所有，不足部分由债务人清偿。

第9讲

关于《民法典》中的“三权”分置，你了解多少

主持人：近年来，大量农村年轻人进城务工，农村多为老人与儿童留守。此种趋势导致农村土地利用率不高，甚至部分地区出现了耕地荒废等现象。如何最大化利用农村土地，实现农业经营现代化和规模化，是农村土地改革的重点。“三权”分置改革是继家庭联产承包责任制后深化我国农村土地制度改革的又一重大制度创新。“三权”分置中的“三权”是指哪三权呢？

吴老师：“三权”分置是此次《民法典》新增的一个重点内容，有利于土地的下一步利用和流转。“三权”分置的“三权”主要是以下三种权利：第一种是土地所有权，包括国家所有和农民集体所有，这里是指农民集体所有。第二种是土地承包经营权，主要由本集体经济组织内的成员对土地进行分包。个别情况下，在经过村集体的同意后，也可以由本集体经济组织以外的人进行承包。第三种是土地经营权，它是基于土地承包经营权产生的一种权利。土地经营权，是指在合同约定的期限内，占有农村土地，自主开展农业生产经营并取得收益的一种权利。

主持人：早在20世纪80年代，通过小岗村的实践，农村自发进行农地经营探索自下而上地推动了土地改革。此后出台的各

项意见也都肯定了包产到组、包产到户等实践模式。但随着农业现代化的发展，以户为单位的农地生产方式、生产效率比较低，无法满足农业经营规模化的需求，随着城乡一体化的发展，部分农地荒废，对经营权流转的限制也难以满足农业经营的新需求了。

吴老师： 是的，你说的这种情况就是我们目前所面临的问题。一方面，《民法典》以法典的形式确认了土地经营权，明确了改革的方向，稳定农村经营权市场。另一方面，将具体制度交由单行法或条例进行规范，可以及时地顺应实践作出调整。我们现阶段在很多地方成立了集体经济组织合作社，把集体资产统领起来搞发展，在土地承包经营权的基础上衍生出了土地经营权，有利于土地的流转和利用。

主持人： 吴老师，那我可以这样理解吗，因为农户享有土地承包经营权，可以对土地进行占有、使用、收益，所以土地经营权是在此基础之上分裂出来的吗？

吴老师： 其实，对于这种“三权”分置的架构，理论界展开了激烈的争议。不认可土地经营权的学者认为，土地承包经营权与土地经营权之间的界限难以理清；而认可土地经营权的学者认为此为制度创新，无须拘泥于传统的物权构造。比如，在实践中，很多土地都没有按照《农村土地承包法》的要求进行承包，还有一些土地在流转过程中也没按照《农村土地承包法》有关规定进行流转，导致了大量的合同纠纷。对于这些合同是否有效，各地的司法裁判也很难有统一的标准，尺度难以把握，这无疑影响到了土地的开发和利用，并且作为投资人也需要稳定的法律关系，希望自己的权益能得到切实的保障。

这次《民法典》确立“三权”分置的原则后，在土地开发、利用、流转、承包、分包等方面给我们提供了规范指引。

有问有答

问：我对自己的土地设立经营权需要符合什么条件?

答：流转期限为5年以上的土地经营权，自流转合同生效时设立。当事人可以向登记机构申请土地经营权登记；未经登记，不得对抗善意第三人。

【法律依据】

《民法典》

第三百三十九条 土地承包经营权人可以自主决定依法采取出租、入股或者其他方式向他人流转土地经营权。

第三百四十条 土地经营权人有权在合同约定的期限内占有农村土地，自主开展农业生产经营并取得收益。

第三百四十一条 流转期限为五年以上的土地经营权，自流转合同生效时设立。当事人可以向登记机构申请土地经营权登记；未经登记，不得对抗善意第三人。

第 10 讲

我在马路边捡到“一分钱”，要把它交给谁呢

主持人：拾金不昧是中华民族的传统美德，从小我们就知道捡到东西就要交到警察叔叔手里面。但是，不是从马路上捡到的任何东西都要交给警察，我们对遗失物也是有规定的。那什么算是遗失物呢？

吴老师：构成遗失物有三个条件：（1）必须是动产；（2）必须是有主的物品；（3）必须是无人占有的物品。只有同时满足这三个条件的物品才算是遗失物。

主持人：想拿就拿，这样一来和偷东西就没有什么区别了。其实，在我们的日常生活中也时常会遇到丢东西和捡东西的情况。假如有一天我在马路上走着，发现地上有一个钱包，这时候我捡起钱包，发现里面没有身份证件，只有银行卡和部分现金，这样的钱包我也找不到主人，干脆我拿了这个钱，然后把钱包放回原地，想问一下吴老师我这样做违法吗？

吴老师：根据《民法典》的规定，法律赋予了拾得人一定的义务：

1. 通知送交义务。《民法典》第 314 条规定：拾得人应当及时通知权利人领取，或者送交公安等有关部门。

2. 保管义务。《民法典》第316条规定：拾得人在遗失物送交有关部门前，有关部门在遗失物被领取前，应当妥善保管遗失物。因故意或者重大过失致使遗失物毁损、灭失的，应当承担民事责任。

3. 返还义务。《民法典》第312条规定：所有权人或者其他权利人有权追回遗失物。《民法典》第314条规定：拾得遗失物，应当返还权利人。

主持人：按照吴老师您说的这些，我捡一个钱包压力还挺大的，这义务还挺多的。

吴老师：当然了，毕竟是失主的贵重物品，应该保管好的，如果我们自己的东西丢失也会希望捡到的人这样做。但是，如果我们捡到东西也可以主张以下权利：（1）请求对方支付保管费用；（2）请求对方履行悬赏广告的承诺。《民法典》第317条规定：权利人领取遗失物时，应当向拾得人或者有关部门支付保管遗失物等支出的必要费用。权利人悬赏寻找遗失物的，领取遗失物时应当按照承诺履行义务。拾得人侵占遗失物的，无权请求保管遗失物等支出的费用，也无权请求权利人按照承诺履行义务。

主持人：如果遗失物的主人是通过发布悬赏广告的形式来找回遗失物的，拾得人可以获得悬赏广告上的报酬，但是如果没有悬赏的话是否可以索要报酬呢？

吴老师：这是不可以的，我们提倡拾金不昧，《民法典》没有规定拾得人索要报酬的权利。如果是在双方都自愿的情况下，失主可以给拾得人一定的补偿，但是如果失主不愿意补偿，拾得人也不可以强行索要。其实，现实中会有给报酬的情况存在，因为法律只规定了拾得人有义务归还，但是没有规定拾得人有义务送货上门。

主持人：是的，我们可以看到，法律是承载我们的社会主义核心价值观的，通过法律的规范作用来倡导培育公民向上向善的品德。

有问有答

问：上个月我们家的狗丢了，我贴了一张悬赏公告，如果找到我们家的狗可以给1000元，不久有人打电话说找到我们家狗了，但是要给5000元才能送还狗，遇到这样的事情，我一家人很犯难，我们和狗的感情是无价的，但是又觉得接受不了这样恶意哄抬悬赏金的行为。这种行为是否合法？

答：《民法典》第314条规定：拾得遗失物，应当返还权利人。拾得人应当及时通知权利人领取，或者送交公安等有关部门。《民法典》第315条规定：有关部门收到遗失物，知道权利人的，应当及时通知其领取；不知道的，应当及时发布招领公告。所以，这种恶意的哄抬悬赏金的行为是法律所不允许的。

问：我们准备在家里的院子内挖一口井，我就请我们村里的张某帮忙，结果在院子里挖出了3个银元，张某说这3个银元是他挖的所以是他的，我觉得这3个银元是在我家院子里挖出来的，所以应该是我的，想问一下这3个银元应该归谁？

答：是属于国家的。根据《民法典》第318条"遗失物自发布招领公告之日起一年内无人认领的，归国家所有"以及第319条"拾得漂流物、发现埋藏物或者隐藏物的，参照适用拾得遗失物的有关规定。法律另有规定的，依照其规定"之规定，银元归国家所有。

【法律依据】

《民法典》

第三百一十二条 所有权人或者其他权利人有权追回遗失物。……

第三百一十四条 拾得遗失物，应当返还权利人。拾得人应当及时通知权利人领取，或者送交公安等有关部门。

第三百一十六条 拾得人在遗失物送交有关部门前，有关部门在遗失物被领取前，应当妥善保管遗失物。因故意或者重大过失致使遗失物毁损、灭失的，应当承担民事责任。

第三百一十七条 权利人领取遗失物时，应当向拾得人或者有关部门支付保管遗失物等支出的必要费用。权利人悬赏寻找遗失物的，领取遗失物时应当按照承诺履行义务。拾得人侵占遗失物的，无权请求保管遗失物等支出的费用，也无权请求权利人按照承诺履行义务。

第 11 讲

受遗赠的物权变动什么时候生效

主持人：《民法典》物权编把《物权法》中“受遗赠取得物权的”物权变动规定删除了。这样一来，受遗赠取得物权的，应以其他物权变动的一般规则为准，可以理解为，受遗赠取得不动产的，在完成登记时物权发生变动；受遗赠取得动产的，在交付时物权产生变动。

在实际生活中，除去因国家公权力的行使而导致的物权变动可以不依一般的公示原则直接发生效力外，还有一类情形也会导致物权的变动直接发生效力，就是因继承而取得物权的情形。

一“点”就通 ▸▸▸ 以案释法

王小明的父亲酷爱收藏古玩，将自己的积蓄全部用于古玩的收藏。他的父亲经常将家里放置不下的一些古玩交给王小明保存。有一天，王小明的朋友铁柱到王小明家做客，看到王小明桌上的茶壶非常精美，很是喜欢，于是向王小明提出把这个茶壶买下来。王小明说：“没问题，但是这茶壶是我爸的，我问问他，可以的话咱们一个月以后一手交钱一手交货，我们也是朋友，就按照 1000 块钱给你，够意思吧！”几天后，王小明的父亲去世了，并留下遗嘱，他的古玩全部由王小明继承。王小明的朋友铁锤也喜欢这个茶壶，王小明随即以2000元的价格卖给铁锤。一个月后，铁柱来买茶壶，发现王小明已经卖给铁锤了，他很生气并将王小明起诉到法院。

主持人：听完这个案例，吴老师您认为这个案件审判结果应该会偏向哪一方？

吴老师：首先，王小明父亲生前的时候只委托小明保管茶壶，茶壶的所有权还是属于小明的父亲，王小明没有权利处理。但是，根据《民法典》第230条的规定，因继承取得物权的，自继承开始时发生效力。王小明父亲去世后，他继承了父亲的茶壶，此时才对这个茶壶享有所有权，才有权进行处理。因此，先前他和铁柱的约定就可能无效。铁柱胜诉的可能性不是很大。

主持人：我们通常会理解为，谁先约定，这个东西就应该先给谁，但是在这个案件中却不是。就像吴老师所说的，因为在此过程中物权发生了变动。

吴老师：对，物权发生了变动，这就决定了哪一份合同有效。所有权是处理物权的基础，但是实践中，为了保护第三人的利益，法律还规定了善意取得制度，即无权处分他人财产的财产占有人，将其占有的财产转让给第三人，受让人在取得该财产时系出于善意，即依法取得该财产的所有权，原财产所有人不得要求受让人返还财产。

主持人：在我们实际生活中，一个人去世以后可能不仅留下了遗产，还留下了一些债务问题，对于这样的情况在《民法典》中又有什么样的规定呢？

吴老师：《民法典》第1159条规定，分割遗产，应当清偿被继承人依法应当缴纳的税款和债务；但是，应当为缺乏劳动能力又没有生活来源的继承人保留必要的遗产。一般情况下，应该优先处理债务、税务问题，但是必须为没有生活能力的继承人保留必要的遗产，这也体现了法律以人为本的精神。

主持人：在我们实际生活中，时常会遇到很多法律问题，正如我们今天的这个案例，不仅涉及了《民法典》物权编也涉及了一部分继承编的内容。

吴老师：对，实际情况确实如此。比如，说一个案件有可能涉及合同诈骗，也可能涉及经济纠纷，需要综合考虑案件的客观事实情况、具体情节，以及当事人的主观意愿。

有问有答

问：我是房产中介公司的经理。今天店里来了个人，说要把自己家的房子出租出去，但是房子并不是他本人的而是他父亲的，我就表示这个房子的信息不能发布，需要本人确认才可以，他却说，我爸的就是我的。对于这样的顾客我们应该怎么向他解释？

答：中介机构应该让客户知晓，需要有委托协议或者其他相关证明才可以确认房子的所有权，只有房屋的所有权人才可以对房子进行出租或者买卖，否则，房屋便无法租赁或买卖。

问：如果我继承了父母的房子，这个继承什么时候生效，有没有一个具体的时间？

答：这要根据《民法典》的规定来分别判断。《民法典》第1121条第1款规定，继承从被继承人死亡时开始。根据《民法典》第209条不动产物权变更和第224条动产物权变更之规定，遗赠人死亡时，遗赠遗嘱或协议生效，但需至遗产（动产）交付或（不动产）办理权属变更登记至受遗赠人后，受遗赠人方才真正取得物权。

【法律依据】

《民法典》

第二百三十条　因继承取得物权的，自继承开始时发生效力。

第 12 讲

将住房改为经营性用房需要符合哪些条件

主持人： 最近我发现我们家对门这段时间人来人往，大人、孩子都往这里扎堆儿，后来我观察了几天，发现对门的邻居在自己家里开了一个少儿舞蹈培训班，并且对外经营。单元楼原本是安静的居民楼，现在变成了人声鼎沸的商业楼，周末休息时间都感觉门外吵吵闹闹。吴老师，您说我应该怎么办呢？您办理过类似的案件吗？

吴老师： 不仅是在我们办的案件中，你说的这个问题在我们的日常生活中也偶有发生。有些人把住宅改成培训机构、咨询机构，影响了其他居民的正常生活，这是法律所禁止的，实践中一般通过诉讼途径解决。

主持人： 是的，还是要采取正确的途径去维护我们的合法权益。《民法典》中对这样的关系又是怎么规定的呢？

吴老师：《民法典》第 279 条规定：业主不得违反法律、法规以及管理规约，将住宅改变为经营性用房。业主将住宅改变为经营性用房的，除遵守法律、法规以及管理规约外，应当经有利害关系的业主一致同意。

主持人： 关于住宅能否改为商业用房，刚才我们说了一个比较宽泛的范围，请您给我讲讲，具体什么样的行业可以将住宅变为经营性用房，什么样的行业不可以？

吴老师： 目前许多地方人民政府发布了《进一步放宽市场主体住所（经营场所）登记条件的规定》，根据这些规定，居民可以将住宅改变为经营性用房。准备将住宅改变为经营性用房的，需要注意经营场所的经营范围。

1. 对利用住宅从事动漫设计、电子商务、文化创意、科技研发（不含危险物品）、软件开发、翻译服务等不污染环境、不影响居民生活的市场主体，对于其改装住宅的行为可免予提交书面形式的信用承诺。

2. 对于在居民楼内或者写字楼内设立生产加工型企业的，该住所仅限办公使用，其经营范围应当标注“限分支机构经营”字样。经营范围涉及前置许可的，须凭有关部门核发给分支机构的许可文件或证件核定增加公司经营范围。

主持人： 看来这件事情对行业有严格的要求。如果将住宅改为经营性用房的，这个过程中我们需要注意的问题有哪些？

吴老师： 不得利用住宅从事娱乐、产生油烟污染的餐饮、生产易燃、易爆、危险化学品等法律、法规禁止的行业。

有问有答

问：我长期不在家（住宅），然后把自己家装修成民宿，在网上发布住房信息，这样的行为违法吗？

答： 这种行为是违法的。《民法典》第279条规定：业主不得违反法律、法规以及管理规约，将住宅改变为经营性用房。业主将住宅改变为经营性用房的，除遵守法律、法规以及管理规约外，应当经有利害关系的业主一致同意。如果您把住宅改成经营的民宿，要经过周围邻居的一致同意，同时，还需要办理相关的执照和证明。

问：将住宅改变为经营性用房后，我的水电费缴费标准会有变化吗?

答：可能有变化也可能没有变化。在实际生活中，还是要根据当地水电部门的相关规定执行。

【法律依据】

《民法典》

第二百七十九条　业主不得违反法律、法规以及管理规约，将住宅改变为经营性用房。业主将住宅改变为经营性用房的，除遵守法律、法规以及管理规约外，应当经有利害关系的业主一致同意。

第13讲

70年后，我买的住宅归谁

主持人：有不少人在买房子的时候就会有这样的疑问，都说房子的产权只有四五十年或七十年，那么等产权到期了，自己的房子是不是就要被政府给收回去了？

吴老师：根据《民法典》第359条的规定，简单来说，就是70年产权到期之后，会自动续期，不用担心房子会被收回。

主持人：吴老师，你说的这条我也看了，但是，在这一条也有指出，续期费用的缴纳或者减免，依照法律、行政法规的规定。现在很多人最关心的问题是，到期后如何续期，会不会又要交上一大笔钱？

吴老师：土地使用权到期后，使用权人可以继续使用。至于是否缴费以及如何缴费等问题，还有待《城市房地产管理法》《土地管理法》等相关法律和行政法规进一步细化明确。但是，对于住宅用地，自动续期将是大原则，相关费用有望减免；而对于非住宅用地，有可能要补缴土地出让金。

主持人：我们购买的是房子的产权，并不是土地的产权，但是，很多人还是对这两个概念有所混淆，今天您就给我们讲讲房屋产权到底是怎么回事？

吴老师：根据《宪法》的规定，我国土地是归国家和集体所有的，土地使用权出让时，国家根据开发商开发的类型不同，出让的年限也不同，一般如下：（1）居住用地 70 年；（2）工业用地 50 年；（3）教育、科技、文化、卫生、体育用地 50 年；（4）商业、旅游、娱乐用地 40 年；（5）综合或者其他用地 50 年。

主持人：不一样的用地性质，除了年限以外还有哪些方面会有所不同呢？

吴老师：生活费用也不一样，对于 70 年产权的住宅，其水电费是按照民用标准收取，价格相对较低，而对于非住宅性质的、40 年或 50 年产权的房子，则是按照商用标准来收取，价格要贵很多，并且一般不通燃气。

主持人：另外，我还听说，我们在购买非住宅性质的房子时还不能使用我们的公积金进行贷款，是这样的吗？

吴老师：贷款条件确实不同，购买非住宅性质的、40 年或 50 年产权的房子，一般不能申请公积金贷款，如果办理商业贷款，也只能得到总房款的 50% 或 60% 的按揭。大家一定要注意区分用地性质，商品住宅的用地性质为“居住用地”，而公寓、写字楼、商铺的用地性质多数都是“商业用地”，小产权房的用地性质更多是“集体土地”，这就是差别所在。

有问有答

问：我买的房子是商业住房，产权是 40 年，到时候也能自动续期，这个和买 70 年产权的住宅有什么区别？

答：在生活费用、贷款购房等方面有所区别，可以根据自己实际所需购买适合的类型。

问：听朋友说小产权的房子便宜，就想买一套，反正就是我自己住，这没有什么问题吧?

答：不建议购买。自然资源部下发了《关于加快宅基地和集体建设用地使用权确权登记工作的通知》。该通知重申：小产权房不得办理登记，不能通过登记将违法用地合法化。

【法律依据】

《民法典》

第三百五十九条　住宅建设用地使用权期限届满的，自动续期。续期费用的缴纳或者减免，依照法律、行政法规的规定办理。

非住宅建设用地使用权期限届满后的续期，依照法律规定办理。该土地上的房屋以及其他不动产的归属，有约定的，按照约定；没有约定或者约定不明确的，依照法律、行政法规的规定办理。

第 14 讲

担保物权的担保范围有哪些

主持人：《民法典》物权编第四分编是关于担保物权的规定。值得注意的是，相较于《物权法》第 172 条，《民法典》第 388 条新增“担保合同包括抵押合同、质押合同和其他具有担保功能的合同的规定”，扩大了担保合同的范围。其中，具体扩大了哪些范围？

吴老师：《民法典》的新增规定提升了物的利用程度，使抵押物、担保物发挥的功能越来越大。例如，新兴的融资租赁，调整了出租人、承租人、第三人之间的权利和义务。又比如，实践中经常出现双方没有拟订担保合同，但在合同中有担保条款的情况。由此，《民法典》重构了担保物权的组成，按照实质大于形式的原则，对所有具有担保功能的财产的交易形式做了统一的规范和引导。

主持人：租赁物的权属保护一直是融资租赁行业发展的痛点。《民法典》正式实施后，融资租赁将成为一种新型担保物权的设定方式，对出租人、承租人、第三人之间的权利义务关系做了新的安排。那么，在实际案例中，出租人、承租人、第三人之间的权利义务关系发生冲突时，谁的利益应该得到优先保障呢？

吴老师：按照《民法典》第 386 条的规定：“担保物权人在

债务人不履行到期债务或者发生当事人约定的实现担保物权的情形，依法享有就担保财产优先受偿的权利，但法律另有规定的除外。”结合《民法典》第745条“出租人对租赁物享有的所有权，未经登记，不得对抗善意第三人”的规定，可见，设定融资租赁后，出租人将取得优先受偿权，这种优先受偿权有以下两个特点：一是对抗登记在后的其他所有担保物权，无论是典型担保物权（抵押、质押），还是新型担保物权（融资租赁、所有权保留等）都可以被对抗；二是基于“善意”对抗其他所有权。

主持人：担保和抵押在实际情况下都是分不开的，刚才我们说了担保物权的相关内容，接下来说一下抵押，首先，请吴老师给我们解释一下什么是抵押吧。

吴老师：抵押是指债务人或者第三人不转移对抵押财产的占有，将该财产作为债权的担保。

主持人：在《民法典》中，对于可抵押的财产范围有什么规定呢?

吴老师：《民法典》第395条将可设置抵押的财产分为三类：(1）不动产：《民法典》第395条第1项，包括正在建造的建造物；(2）特定动产：《民法典》第395条第4～6项；(3）权利：《民法典》第395条第2、3项，只有不动产上的用益物权（建设用地使用权）和特别法上的特许物权（如采矿权）才可设定抵押；(4）对于《民法典》第395条第7项，应从抵押的财产和权利应当具有可转让性的角度予以理解，若转让会影响相关财产或权利的价值，则该财产或权利不得设定抵押权。

主持人：关于可抵押的财产范围，相较于之前的《物权法》中的相关内容，《民法典》又做了哪些修改?

吴老师：相较于《物权法》第 180 条，《民法典》第 395 条在可抵押的财产范围中新增了海域使用权，并删除了以招标、拍卖、公开协商等方式取得的土地承包经营权：（1）新增的“海域使用权”与现有海洋法律规则体系的衔接。虽然在《担保法》《物权法》等法律法规中，并未将海域使用权规定为可抵押的权利，但在 2006 年国家海洋局颁布的《海域使用权管理规定》第 41 条中已将其列为可以依法抵押的权利，《民法典》新增“海域使用权”的规定是为了与现有的海洋法律规则体系衔接。（2）删除以招标、拍卖、公开协商等方式取得土地承包经营权，与农村土地“三权”分置改革的规则体系的衔接。

有问有答

问：我和我的房客签订了 10 年的租房合同，请问我这套出租的房子能不能作为抵押物？

答：理论上是可以的，但是在抵押过程中要优先考虑到对承租人合法权利的保护。

问：前一段时间朋友想要借贷抵押，希望我做担保，给别人做担保人我需要注意什么？

答：需要了解所担保的对象有没有偿还债务的能力，了解担保风险，熟知担保流程。

【法律依据】

《民法典》

第三百八十七条　债权人在借贷、买卖等民事活动中，为保障实现其债权，需要担保的，可以依照本法和其他法律的规定设立担保物权。

第三人为债务人向债权人提供担保的，可以要求债务人提供反担保。反担保适用本法和其他法律的规定。

第三百八十八条 设立担保物权，应当依照本法和其他法律的规定订立担保合同。担保合同包括抵押合同、质押合同和其他具有担保功能的合同。担保合同是主债权债务合同的从合同。主债权债务合同无效的，担保合同无效，但是法律另有规定的除外。

担保合同被确认无效后，债务人、担保人、债权人有过错的，应当根据其过错各自承担相应的民事责任。

第三百八十九条 担保物权的担保范围包括主债权及其利息、违约金、损害赔偿金、保管担保财产和实现担保物权的费用。当事人另有约定的，按照其约定。

第三章

合　同　编

第 15 讲

房子被拍卖，承租者家在何方

主持人： 为落实党中央提出的建立租购同权住房制度的要求，保护承租人的利益，《民法典》增加规定房屋承租人的优先承租权。优先承租权给我们带来哪些权利的变化呢？

一直以来，对于“老赖”拒不执行判决的情形，法院的强制执行向来铁面无私不留情面。但是，这次却遇到了“特殊情况”，“老赖”名下厂房已被依法进行司法拍卖，厂房却被其租给别人。事情是这样的，朱某是一家针织厂的老板，因无力偿还贷款，被银行申请强制执行。2019 年 8 月，法院依法对其针织厂名下的厂房进行拍卖，最终被另一家公司拍得。这幢厂房位于大唐街道，共6 层。除4、5 层自用外，1 楼商铺及部分楼层对外出租。法院作出变更所有权人裁定书，并张贴了腾房公告，要求所有占有使用人在2020 年1 月20 日前搬出。然而，这一举动却遭到了租户们的强烈反对。所有租户都签署过腾房承诺书，如今突然不认账了。对此，应该如何认定呢？

吴老师：《民法典》考虑到对承租人权利的保护，在第 726 条第 1 款规定，出租人出卖租赁房屋的，应当在出卖之前的合理期限内通知承租人，承租人享有以同等条件优先购买的权利；但是，房屋按份共有人行使优先购买权或者出租人将房屋出卖给近亲属的除外。第734条规定，租赁期限届满，房屋承租人享有以同等条件优先承租的权利。据此可以看到，租赁期满房东想要继续出租或者出售时，同等条件下，承租人享有优先购买权和优先承租权。同时，根据买卖不破租赁原则，不能因为买卖而侵犯承租人的权利。在本案中也是如此，法院在执行司法拍卖的同时，也要保护承租人权利。

主持人：看来“优先承租权”这个问题也将会在今后相关判决中起到很重要的作用。其实，我们还会遇到这样的问题，房子快到期想续租，却遭遇房东以涨价、转租为名的刁难，不得不搬离。

吴老师：这个问题确实非常常见。对此，《民法典》增加规定，租客有优先承租权。优先承租权是一项期待权，它成立于租赁关系开始时，发生于租赁合同届满之日。在租赁关系中，原承租人在合同到期要求续签租赁合同时，对原租赁物在同等条件下拥有优先承租权。优先承租权是一种附限制条件的物权，在同等条件下才享有。同等条件有以下内容：首先，是同一价格，即租金应当相同；其次，租金的支付方式与期限也应等同，若是分期付款，那么分期付款之方式亦应相同。在房屋租赁中优先承租权与优先购买权的立法背景应当是类似的，都是在房屋租赁日渐普遍的背景下，承租人在经济上明显处于弱势地位，一旦房屋租赁期间届满，极有可能因为某些出租人的主观原因导致承租人无法继续承租该房屋，这可能会导致承租人遭受重大损失。其实可以看得出来，《民法典》新增关于承租人的优先承租权是对社会生活的实际情况所做的立法回应，在满足公平原则的基础上更加侧重于保护处于弱势地位的民事主体。

主持人：这样的权利保障让我们承租人心里都踏实了很多，租房的权利得到了保障，这颗不稳定的心才能定下来。

有问有答

问：我是和朋友合租的房子，因为个人原因我提前离开北京，需要把之前多交的房租要回来，房东却说，签订协议后的房租一分不退。请问，我的房租还能要回来吗？

答：按照协议内容执行。如果你和你的朋友和房东签署了一张租房协议，你就要和你的朋友协商，由他补上你的那一部分房租。

问：别人的房子因为疫情都降价了，我的房东却因为疫情给我涨价了，我们签订的是一年的租住合同，合同没有到期，他说，要住就加 200 元，不住可以随时搬走。我应该怎么办？

答：房东这样的做法是不合理的，违背了协议的内容。可以找当地居民委员会进行协商解决，也可以向法院起诉。

【法律依据】

《民法典》

第七百三十四条　租赁期限届满，承租人继续使用租赁物，出租人没有提出异议的，原租赁合同继续有效，但是租赁期限为不定期。

租赁期限届满，房屋承租人享有以同等条件优先承租的权利。

第 16 讲

电子合同开启无纸化时代

主持人：电子合同的普及已成为不可阻挡的趋势，《民法典》对电子合同的规定是对于时代潮流的正面回应，为电子商务、远程签约等场景提供了有力的法律保障。我们在拥抱变革的同时，也需要注意其中可能存在的法律风险，做好相应的风险管理措施，以最大程度地享受电子合同带来的便捷与高效。

新冠肺炎疫情的暴发推动了远程办公的发展，为了维持正常的生产生活，电子合同也逐渐成为“刚需”。《民法典》吸收了《合同法》与《电子商务法》的相关内容，明确了将以电子数据交换、电子邮件等方式能够有形地表现所载内容，并可以随时调取查用的电子合同视为书面形式。

吴老师：没错，《民法典》第 469 条规定，当事人订立合同，可以采用书面形式、口头形式或者其他形式。书面形式是合同书、信件、电报、电传、传真等可以有形地表现所载内容的形式。以电子数据交换、电子邮件等方式能够有形地表现所载内容，并可以随时调取查用的数据电文，视为书面形式。

当事人采用信件、数据电文等形式订立合同要求签订确认书的，签订确认书时合同成立。当事人一方通过互联网等信息网络发布的商品或者服务信息符合要约条件的，对方选择该商品或者服务并提交订单成功时合同成立，但是当事人另有约定的除外。

承诺生效的地点为合同成立的地点。采用数据电文形式订立合同的，收件人的主营业地为合同成立的地点；没有主营业地的，其住所地为合同成立的地点。当事人另有约定的，按照其约定。

通过互联网等信息网络订立的电子合同的标的为交付商品并采用快递物流方式交付的，收货人的签收时间为交付时间。电子合同的标的为提供服务的，生成的电子凭证或者实物凭证中载明的时间为提供服务时间；前述凭证没有载明时间或者载明时间与实际提供服务时间不一致的，以实际提供服务的时间为准。电子合同的标的物为采用在线传输方式交付的，合同标的物进入对方当事人指定的特定系统且能够检索识别的时间为交付时间。电子合同当事人对交付商品或者提供服务的方式、时间另有约定的，按照其约定。

这些规定明确了电子合同的要素，比如电子合同的形式，电子合同的成立地点（收件人的主营业地、住所地、签订地等），对电子合同进行了规范。

主持人：为了顺应时代的需求，电子合同的出现是很有必要的。吴老师，那我们常见的电子合同有哪些形式呢？

吴老师：常见的电子合同类型主要有两种：

（1）电子商务合同。电子商务合同是在电子商务交易形式出现后才发展起来的一种买卖合同的特殊缔约方式，电子商务经营者与消费者通常通过电子商务平台缔结电子合同进行交易，与一般的买卖合同存在诸多差异。

（2）转化为数据电文形式的传统合同。这种电子合同类型即是将传统的纸质合同文本转化为数据电文形式，本质上并未发生变化。比如，在新冠肺炎疫情防控期间，许多用人单位与劳动者签署了电子劳动合同，许多企业之间也通过数据电文形式签署大宗货物买卖合同。合同当事人可选择通过电子签名的方式进行签署，亦可通过电子邮件、即时通信工具等方式签署。不过，第二种方式无法保证数据不被篡改，存在较大的风险。

主持人：在确保我们合法权益的前提下，可以根据自己所需来设立不同形式的电子合同。如果电子合同的形式确定了，那什么时候我们所设立的电子合同才算是真正成立呢？

吴老师：当事人一方通过互联网等信息网络发布的商品或者服务信息符合要约条件的，对方选择该商品或者服务并提交订单成功时合同成立，但是当事人另有约定的除外。付款是买方的主要给付义务，一般而言并不对合同的成立造成影响，因此《民法典》规定在买方提交订单成功时合同成立。但同时，《民法典》又留下了“当事人另有约定的除外”的空间，有利于当事人根据实际交易情况进行调整。在电子商务场景中，还需注意，根据《电子商务法》第49条第2款，电子商务经营者不得以格式条款等方式约定消费者支付价款后合同不成立；格式条款等含有该内容的，其内容无效。《民法典》第492条沿袭了《合同法》第34条的规定，规定采用数据电文形式订立合同的，收件人的主营业地为合同成立的地点；没有主营业地的，其住所地为合同成立的地点。当事人另有约定的，按照其约定。

主持人：所以，在我们订立合同时对于有特别要求的条款还是需要我们单独约定的，这样能更好地保障我们的合法权益不被侵犯。2020年7月1日，贵阳警方宣布3人伪造贵阳南明老干妈风味食品有限责任公司印章与腾讯签订合同，已被刑事拘留。此次“萝卜章”导致的乌龙事件也引发了关于电子签名的讨论，所以想问一下吴老师，在签订电子合同时怎么确保我们的电子签名是真实有效的呢？

吴老师：可靠的电子签名将有效减少此类事件的发生，但电子签名人也需妥善管理其电子签名的相关数据。《电子签名法》第 3 条第 1、2 款规定，民事活动中的合同或者其他文件、单证等文书，当事人可以约定使用或者不使用电子签名、数据电文。当事人约定使用电子签名、数据电文的文书，不得仅因为其采用电子签名、数据电文的形式而否定其法律效力。建议当事人在合同中设置同意采取电子签名形式的条款，可考虑使用如下表述：“甲乙双方均承认电子签名的法律效力，并一致同意若因合同履行产生纠纷，就本协议采用的此种签订方式以及签订过程中产生的电子证据双方均不得提出异议，该证据可直接作为纠纷处理依据”；“甲乙双方均承认电子签名的法律效力，不因一方使用电子签名一方使用传统印章而否认本合同的法律效力。若因合同履行产生纠纷，就本合同签订所采用的此种方式双方均不得提出异议”。

有问有答

问：我在网上购买了大宗商品，在付款成功后是不是就意味着我和卖家形成了买卖的电子合同？

答：是这样的。按照正常的网上购物规则，买方选择了商品或者服务，并提交订单时，合同就已经成立了，已经付款就表明形成了买卖合同。

问：之前我们签合同都是签字、捺手印，现在形成电子合同我们怎么签字、捺手印呢？

答：采用电子签名的形式。《电子签名法》第3条第1、2款规定，民事活动中的合同或者其他文件、单证等文书，当事人可以约定使用或者不使用电子签名、数据电文。当事人约定使用电子签名、数据电文的文书，不得仅因为其采用电子签名、数据电文的形式而否定其法律效力。

【法律依据】

《民法典》

第四百九十一条　当事人采用信件、数据电文等形式订立合同要求签订确认书的，签订确认书时合同成立。

当事人一方通过互联网等信息网络发布的商品或者服务信息符合要约条件的，对方选择该商品或者服务并提交订单成功时合同成立，但是当事人另有约定的除外。

第五百一十二条　通过互联网等信息网络订立的电子合同的标的为交付商品并采用快递物流方式交付的，收货人的签收时间为交付时间。电子合同的标的为提供服务的，生成的电子凭证或者实物凭证中载明的时间为提供服务时间；前述凭证没有载明时间或者载明时间与实际提供服务时间不一致的，以实际提供服务的时间为准。

电子合同的标的物采用在线传输方式交付的，合同标的物进入对方当事人指定的特定系统且能够检索识别的时间为交付时间。

电子合同当事人对交付商品或者提供服务的方式、时间另有约定的，按照其约定。

第17讲

有理有据，向“霸座者”说“不”

主持人：前两年有个闹得沸沸扬扬的高铁霸座事件。事情发生在从济南开往北京的高铁上，一名男乘客不肯对号入座，却抢占女乘客的座位，列车长和乘警劝说无果。视频被发到网上后，引发网友谴责。对于类似的霸座者的霸道行为《民法典》也作出了明确回应，真正让霸座者无座可“霸”。

运输合同作为传统的有名合同，在《合同法》中已有规定。近年来各种客运交通工具上的“霸座者”屡见不鲜，《民法典》也顺应社会的发展变化，对这类情形在第十九章“运输合同”中定下新规，让我们在与“霸座者”对峙时更加理直气壮。在《民法典》中对于“霸座者”这种现象是如何规制的？

吴老师：《民法典》第815条规定：旅客应当按照有效客票记载的时间、班次和座位号乘坐。旅客无票乘坐、超程乘坐、越级乘坐或者持不符合减价条件的优惠客票乘坐的，应当补交票款，承运人可以按照规定加收票款；旅客不支付票款的，承运人可以拒绝运输。实名制客运合同的旅客丢失客票的，可以请求承运人挂失补办，承运人不得再次收取票款和其他不合理费用。

主持人：吴老师，现在还出现了另类“霸座”的情况，在高铁上，一女子的座位是在靠窗的位置，但一位男子的行李和餐桌挡住了该女子的去路，女子要求其让行时，男子断然拒绝，并且还说：“我有义务吗？”对于这样的情况，我们能强制要求他让出过道吗？

吴老师：当然可以了。列车座位间的过道是公共空间，并不属于任何一个乘客，身为高铁乘客，既有对号入座的权利，也有为邻座乘客让行的义务。该男子阻挡了女客就座的必经通道，已明显侵犯了他人权利，此行为与“霸座”没什么区别。对于这一种只顾自己坐得舒服，却无视他人正当权利的行为，我们也不能止于道德层面的指责，还应利用法律的途径，让“霸座者”承担相应责任。只有让花式“霸座”、另类“霸座”无路可走，才能将文明“扶”起来，让高铁出行更有序、更温馨。

主持人：《民法典》的出台可谓对“霸座者”重重的一击。另外，《民法典》也对承运人的义务作出了新的规定。在运输过程中承运人又有哪些义务？

吴老师：承运人应当严格履行安全运输义务，及时告知旅客安全运输应当注意的事项。旅客对承运人为安全运输所作的合理安排应当积极协助和配合。

承运人应当按照有效客票记载的时间、班次和座位号运输旅客。承运人迟延运输或者有其他不能正常运输情形的，应当及时告知和提醒旅客，采取必要的安置措施，并根据旅客的要求安排改乘其他班次或者退票；由此造成旅客损失的，承运人应当承担赔偿责任，但是不可归责于承运人的除外。

有问有答

问：因为工作原因我经常坐飞机出差，每当座位后面是孩子的时候我就会很烦，小孩子总是在后面踢凳子，大声喊叫。真的是受不了，这该怎么办啊？

答：出门旅行难免会遇到类似的问题，建议乘客与家长协商解决或者联系乘务人员更换座位。在这里还要提醒带孩子出门的家长们，也要尽到自己的责任，教育孩子不要在公共场所大声喧哗或者做其他不文明行为。

【法律依据】

《民法典》

第八百一十五条　旅客应当按照有效客票记载的时间、班次和座位号乘坐。旅客无票乘坐、超程乘坐、越级乘坐或者持不符合减价条件的优惠客票乘坐的，应当补交票款，承运人可以按照规定加收票款；旅客不支付票款的，承运人可以拒绝运输。

实名制客运合同的旅客丢失客票的，可以请求承运人挂失补办，承运人不得再次收取票款和其他不合理费用。

第八百一十九条　承运人应当严格履行安全运输义务，及时告知旅客安全运输应当注意的事项。旅客对承运人为安全运输所作的合理安排应当积极协助和配合。

第八百二十条　承运人应当按照有效客票记载的时间、班次和座位号运输旅客。承运人迟延运输或者有其他不能正常运输情形的，应当及时告知和提醒旅客，采取必要的安置措施，并根据旅客的要求安排改乘其他班次或者退票；由此造成旅客损失的，承运人应当承担赔偿责任，但是不可归责于承运人的除外。

第 18 讲

对商家的“霸王条款”说“不”

主持人：生活中，我们无时无刻不在订立合同，有口头合同，也有书面合同等。一些合同中常会有一些“霸王条款”，所谓的“霸王条款”就是排除经营者责任、加重消费者责任的条款。

说起“霸王条款”，在我们生活中无处不在，比如，去饭店吃饭不允许自带酒水，去商场买的特价商品不享受退换服务，在酒店停车场停车造成损失概不负责。商家自行规定的这些条款有效吗？

吴老师：这些行为违反了公平原则，是无效的。这些行为在生活中非常常见，例如，在合同中未规定质量保证期限、酒店不让顾客自带酒水，又或者在我们签订房屋买卖合同、购买理财产品、保险时，合同条款非常之多，而作为非专业人士，很容易就会忽略掉一部分的合同条款，导致某些条款违反了公平原则的条款，侵犯了我们消费者的权益。《消费者权益保护法》第 26 条规定，经营者不得以格式条款、通知、声明、店堂告示等方式，作出对消费者不公平、不合理的规定，或者减轻、免除其损害消费者合法权益应当承担的民事责任。格式合同、通知、声明、店堂告示等含有前述内容的，其内容无效。一旦遇到这种情况，我们消费者要拿起法律的武器保护自己的权益，主张这些“霸王条款”不作为合同的内容。

主持人：是的，这些看似平常的条款，其实是没有任何法律效力的。对于这些“霸王条款”，《民法典》是如何应对的呢？

吴老师：格式条款是当事人为了重复使用而预先拟定，并在订立合同时未与对方协商的条款。采用格式条款订立合同的，提供格式条款的一方应当遵循公平原则确定当事人之间的权利和义务，并采取合理的方式提示对方注意免除或者减轻其责任等与对方有重大利害关系的条款，按照对方的要求，对该条款予以说明。提供格式条款的一方未履行提示或者说明义务，致使对方没有注意或者理解与其有重大利害关系的条款的，对方可以主张该条款不成为合同的内容。

对格式条款的理解发生争议的，应当按照通常理解予以解释。对格式条款有两种以上解释的，应当作出不利于提供格式条款一方的解释。格式条款和非格式条款不一致的，应当采用非格式条款。

主持人：《民法典》中对这些行为作出严格的规定，让我们在日常消费中可以对“霸王条款”勇敢地说“不”。但是，在消费者遇到实际问题时应该怎么说“不”，也就是说消费者真正遭遇了“霸王条款”该怎么办？应该遵循什么样的维权流程？

吴老师：第一，消费者应当先与经营者协商解决，指出“霸王条款”的不合理之处，相互沟通，争取双方达成合意。

第二，若经营者拒不承认“霸王条款”，或者明确拒绝取消“霸王条款”，消费者可以向当地消费者协会投诉，寻求消费者协会出面调解（拨打“12315”）。

第三，因“霸王条款”给消费者造成严重损害的，消费者可以向市场监管部门举报投诉，市场监管部门将依法对经营者处以行政处罚，或者依法提起诉讼，通过司法途径，讨回公道，可以要求经营者赔偿损失，赔礼道歉等。

有问有答

问：我去商场买衣服，上面标注“买一送一”，结果在结账时告诉我“买一送一”送的是手提袋，这不是骗人吗？但是，店家说解释权归店家所有，我该怎么办？

答：《消费者权益保护法》规定，经营者不得以格式条款、通知、声明、店堂告示等方式，作出排除或者限制消费者权利、减轻或者免除经营者责任、加重消费者责任等对消费者不公平、不合理的规定，不得利用格式条款并借助技术手段强制交易。交易行为应当是经营者和消费者共同意愿的体现，解释权归店家所有的规定显然违反了公平原则，该条款无效。

问：我在超市买了两瓶牛奶然后赠送了一瓶，没有注意看生产日期，结果回去发现赠送的这一瓶过期了，去超市退款，超市说，这个本来就是赠品没有收钱，所以也不给退钱，我该怎么办？

答：赠品也属于商家质量保证的范围，对此商家应当承担违约责任。另外，如果因为赠品出现了质量问题而造成人身损害的，商家还可能要承担相应的侵权责任。

【法律依据】

《民法典》

第四百九十六条 格式条款是当事人为了重复使用而预先拟定，并在订立合同时未与对方协商的条款。

采用格式条款订立合同的，提供格式条款的一方应当遵循公平原则确定当事人之间的权利和义务，并采取合理的方式提示对方注意免除或者减轻其责任等与对方有重大利害关系的条款，按照对方的要求，对该条款予以说明。提供格式条款的一方未履行提示或者说明义务，致使对方没有注意或者理解与其有重大利害关系的条款的，对方可以主张该条款不成为合同的内容。

第四百九十七条 有下列情形之一的，该格式条款无效：

（一）具有本法第一编第六章第三节和本法第五百零六条规定的无效情形；

（二）提供格式条款一方不合理地免除或者减轻其责任、加重对方责任、限制对方主要权利；

（三）提供格式条款一方排除对方主要权利。

第四百九十八条 对格式条款的理解发生争议的，应当按照通常理解予以解释。对格式条款有两种以上解释的，应当作出不利于提供格式条款一方的解释。格式条款和非格式条款不一致的，应当采用非格式条款。

第19讲

物业纠纷不用怕，物业服务合同来维权

主持人：1999年颁布的《合同法》分则所规定的15种典型合同并未包括物业服务合同。随着我国城市建设和房地产行业的高速发展，物业服务行业迅速发展。因此，国家制定了《物业管理条例》以调整物业服务法律关系，但条例的效力层次相对较低。《民法典》合同编回应我国现实需要，积极总结既有立法、司法实践经验，针对物业服务领域的突出问题，在典型合同中增加了物业服务合同，为物业服务合同提供了民事基本法的依据。

那么，什么是物业服务合同呢？

吴老师：物业服务合同其实就是服务合同的一种，由物业公司为业主提供各种服务，并由业主向其支付相应的报酬。物业服务合同和其他合同有一些不一样的地方，它规定了物业公司和业主的权利义务关系，涉及业主和业主委员会，群体规模比较大、需求多样，并且在物业公司的更换过程中会出现断档等问题，比较复杂。

主持人：听您这么一说，我是不是可以理解为，物业合同主要规定的就是业主和物业服务人员的权利和义务？那么，在这里我想替广大的小区业主朋友们问一下，作为物业服务人员他们应该履行哪些义务呢？

吴老师：物业服务人应当按照约定和物业的使用性质，妥善维修、养护、清洁、绿化和经营管理物业服务区域内的业主共有部分，维护物业服务区域内的基本秩序，采取合理措施保护业主的人身、财产安全。对物业服务区域内违反有关治安、环保、消防等法律法规的行为，物业服务人应当及时采取合理措施制止、向有关行政主管部门报告并协助处理。据此，物业服务人主要应承担下列义务：

1. 维修养护义务。维修养护义务应当是物业服务人的第一义务。物业存在和发展的基础是建筑物及其附属设施，如果建筑物及其附属设施缺乏维修养护导致物业不能正常实现其功能，物业的价值将会大打折扣，这也正是物业服务的价值所在。

2. 环境管理义务。物业区域内优美的环境同样是物业不可缺少的组成部分，中国特色社会主义进入新时代，人民群众对美好生活的需要与日俱增，环境卫生品质是美好生活的重要方面。物业服务人的环境管理义务主要包括清洁、绿化以及其他环境管理义务。清洁义务要求物业服务人必须防治物业服务区域内的各种污染，做好清洁保洁工作、硬化路面，及时清运垃圾、保持排水排污系统畅通，限制装修及其他施工的工作时间，保证物业服务区域内建筑小品、附属设施与物业总体风格相协调。同时，物业服务人还必须对公用绿地、花木进行有效的养护，确保物业环境整洁、优美。

3. 经营管理义务。对于物业服务区域内的营业场所，物业服务人有责任根据物业的整体布置，按照便民、利民原则，充分发挥物业效益，促进经营物业保值增值。

4. 秩序维护义务。秩序是指物业服务区域正常运转的良好状态，包括道路秩序、停车管理、废品回收、社区活动等。物业管理活动是主动服务创造价值的过程，物业服务人在完成基本服务的同时，应当以创造良好秩序为引领，最大程度保障物业运转高效、和谐。

5. 安全保护义务。安全保护义务是物业服务人通过各项措施，保证业主和物业使用人的人身、财产安全，如配备安防设施、聘请安保人员、制定安全管理制度。

6. 制止违法行为、向有关机关报告并协助处理的义务。物业服务人作为物业区域内秩序的重要维护者，对于物业区域内的基本秩序、安全秩序都负有责任。

主持人：刚才您说了这几项物业服务人应该履行的义务，按照《民法典》的规定，谁应该为这项服务埋单呢？

吴老师：业主应当按照约定向物业服务人支付物业费。物业服务人已经按照约定和有关规定提供服务的，业主不得以未接受或者无须接受相关物业服务为由拒绝支付物业费。

主持人：如果遇到没有按时缴纳物业费的业主，物业服务人应如何向业主催交物业费？物业服务人是否可以采取停止供电、供水、供热、供燃气等方式催交物业费？

吴老师：物业服务人不得采取停止供电、供水、供热、供燃气等方式催交物业费。

有问有答

问：我长期不在小区生活，物业费是不是可以少交或者不交？

答：业主仍然是应当缴纳物业费的，对此《民法典》第944

条第1款与第2款规定，业主应当按照约定向物业服务人支付物业费。物业服务人已经按照约定和有关规定提供服务的，业主不得以未接受或者无须接受相关物业服务为由拒绝支付物业费。业主违反约定逾期不支付物业费的，物业服务人可以催告其在合理期限内支付；合理期限届满仍不支付的，物业服务人可以提起诉讼或者申请仲裁。

问：有些小区业主喜欢在自己门前绿化带里种菜，我们物业人员每次清理时都会产生很大的矛盾，对于这样的情况我们应该怎么办？

答：这种行为在法律上是不允许的，小区的绿化带属于业主的共有部分，在绿化带里种菜不但是对小区环境的一种破坏，还侵犯了其他业主的权利。一般情况下物业人员应当先和业主进行沟通，协商解决，如果不听劝阻，也可以进行起诉，要求其承担相应的责任。

【法律依据】

《民法典》

第九百三十七条　物业服务合同是物业服务人在物业服务区域内，为业主提供建筑物及其附属设施的维修养护、环境卫生和相关秩序的管理维护等物业服务，业主支付物业费的合同。

物业服务人包括物业服务企业和其他管理人。

第九百三十八条　物业服务合同的内容一般包括服务事项、服务质量、服务费用的标准和收取办法、维修资金的使用、服务用房的管理和使用、服务期限、服务交接等条款。

物业服务人公开作出的有利于业主的服务承诺，为物业服务合同的组成部分。

物业服务合同应当采用书面形式。

第九百三十九条　建设单位依法与物业服务人订立的前期物业服务合同，以及业主委员会与业主大会依法选聘的物业服务人订立的物业服务合同，对业主具有法律约束力。

第九百四十条　建设单位依法与物业服务人订立的前期物业服务合同约定的服务期限届满前，业主委员会或者业主与新物业服务人订立的物业服务合同生效的，前期物业服务合同终止。

第九百四十一条　物业服务人将物业服务区域内的部分专项服务事项委托给专业性服务组织或者其他第三人的，应当就该部分专项服务事项向业主负责。

物业服务人不得将其应当提供的全部物业服务转委托给第三人，或者将全部物业服务支解后分别转委托给第三人。

第九百四十二条　物业服务人应当按照约定和物业的使用性质，妥善维修、养护、清洁、绿化和经营管理物业服务区域内的业主共有部分，维护物业服务区域内的基本秩序，采取合理措施保护业主的人身、财产安全。

对物业服务区域内违反有关治安、环保、消防等法律法规的行为，物业服务人应当及时采取合理措施制止、向有关行政主管部门报告并协助处理。

第九百四十三条　物业服务人应当定期将服务的事项、负责人员、质量要求、收费项目、收费标准、履行情况，以及维修资金使用情况、业主共有部分的经营与收益情况等以合理方式向业主公开并向业主大会、业主委员会报告。

第九百四十四条　业主应当按照约定向物业服务人支付物业

费。物业服务人已经按照约定和有关规定提供服务的，业主不得以未接受或者无需接受相关物业服务为由拒绝支付物业费。

业主违反约定逾期不支付物业费的，物业服务人可以催告其在合理期限内支付；合理期限届满仍不支付的，物业服务人可以提起诉讼或者申请仲裁。

物业服务人不得采取停止供电、供水、供热、供燃气等方式催交物业费。

第九百五十条 物业服务合同终止后，在业主或者业主大会选聘的新物业服务人或者决定自行管理的业主接管之前，原物业服务人应当继续处理物业服务事项，并可以请求业主支付该期间的物业费。

第 20 讲

“借一万、还十万”，网贷被“套路”不用怕

主持人： 多年来，或明或暗的高利放贷行为，严重侵害了金融消费者的权益。《民法典》首次规定“禁止高利放贷”，今天我们就来了解一下《民法典》对此问题具体是如何规定的。

因高利贷引发的一系列社会问题一直是全社会关注的焦点。下面要给大家讲的这个案例就真实地发生在我们的身边。

大学生小郑（化名）由于迷上了网络赌球，先后通过某借贷平台共计借款 6 万元，这笔钱不断地“利滚利”，慢慢地小郑就无力还款了。虽然借贷平台宣传贷款“无利息”，但其实他们巧立名目，将利息换成了所谓的手续费、违约金、迟延履约金、保证金等，数额高出国家规定的银行同期利率的 10 倍之多。走投无路之下，小郑偷偷用同学的身份信息去贷款还债。他先后用 28 名同学的身份证借钱，然而，这并没有缓解小郑的还贷压力。同学陆续收到催款电话，直到这时，他们才知道自己的身份信息被小郑用来贷款。最终，欠款像滚雪球一样越滚越大，变成了 60 多万元。小郑不仅要偿还巨额贷款，还面临来自家庭和同学的压力。

这个案例是非常典型的大学生网贷事件，吴老师，对于这个

问题，《民法典》是如何规定的呢？

吴老师： 按照《民法典》的规定，禁止高利放贷，借款的利率不得违反国家有关规定。借款合同对支付利息没有约定的，视为没有利息。借款合同对支付利息约定不明确，当事人不能达成补充协议的，按照当地或者当事人的交易方式、交易习惯、市场利率等因素确定利息；自然人之间借款的，视为没有利息。

主持人： 长期以来，高利贷都是滋生违法犯罪行为的“重灾区”，为了获取非法的高额收益，不法分子往往喊出“零利息”“放款快”“无限额”等口号，实则毫无底线，挖坑设陷。最后，为了要债，采取暴力殴打、威胁家人、恐吓、敲诈等方式，给人民群众带来了巨大的身心伤害和财产损失，产生了十分恶劣的社会影响。在高利贷要债的方式上，法律又是如何规定的？

吴老师： 暴力催债是法律严格禁止的，《刑法修正案（十一）》就规定了催收非法债务罪，以打击采取暴力、软暴力等手段催收高利放贷等产生的非法债务的不法行为。高利放贷往往有黑恶势力参与其中，对人民群众的生命财产安全造成了极大的危害。在扫黑除恶专项斗争中，非法高利放贷、暴力讨债的黑恶势力是打击的重点内容之一。

主持人： 对于在校大学生来说，来自社会的诱惑很多，不管是学校还是家长都非常关注大学生的成长。但是，总有不法分子对大学生进行错误的诱导，导致他们债台高筑，甚至有的人顶不住要债的压力，结束了年轻的生命，令人惋惜！吴老师，您今天借这个机会来给当代的大学生一些忠告，尤其是大学生在面临高利贷的时候，应该如何保持清醒的头脑，不被不法分子所迷惑？

吴老师： 在这里为我们大学生提出三点建议：第一，不要轻信网络上各种渠道的贷款，尤其是号称“0 抵押、0 利息、无限额”的贷款。第二，树立理性的消费观，根据自己的消费能力制订消费计划。第三，遇到暴力催债时，一定要勇敢地向司法机关求助，向学校、家长反映。通过不同部门的参与，从正向引导和严厉打击两方面，进一步净化校园环境，为大学生的健康成长营造良好的社会环境。

主持人：其实，不光是大学生这个群体是高利贷的受害者，我们每个人都应该对高利贷保持清醒的头脑，不要被他们的“霸王合同”蒙蔽双眼。同时，建议大家还是要通过正规渠道办理贷款业务，不要轻信他人。

吴老师：如果咱们听众朋友遇到高利贷的追债问题，可以详细查阅合同内容，如果不符合法律规定，可以通过法律途径来维护自己的合法权益，不要自作主张采用“拆了东墙补西墙”的方法，让你的高利贷像雪球一样越滚越大。

有问有答

问：民间借贷的利息超过多少就属于违法行为了？

答：2020 年 8 月 20 日，最高人民法院《关于审理民间借贷案件适用法律若干问题的规定》（以下简称《规定》）对民间借贷利率的司法保护上限进行了调整，对高利放贷行为划出红线：以中国人民银行授权全国银行间同业拆借中心每月 20 日发布的一年期贷款市场报价利率（LPR）的 4 倍为标准确定民间借贷利率的司法保护上限，取代原《规定》中以 24% 和 36% 为基准的“两线三区”的规定，大幅度降低民间借贷的司法保护上限，促进民间借贷利率逐步与我国经济社会发展的实际水平相适应。以

2020年7月20日发布的一年期贷款市场报价利率3.85%的4倍计算为例，民间借贷利率的司法保护上限为15.4%（日利率约为4‱），相较于过去的24%和36%有较大幅度的下降。

问：未成年的孩子在我们家长不知情的情况下，用手机软件进行网络借贷，我们家长可以解除借贷合同吗?

答：未成年人属于限制民事行为能力人或无民事行为能力人，相应的民事责任应当由监护人承担。高利贷本身不受法律保护，其监护人只需偿还本金及法律规定范围内的利息即可。

【法律依据】

《民法典》

第六百八十条　禁止高利放贷，借款的利率不得违反国家有关规定。

借款合同对支付利息没有约定的，视为没有利息。

借款合同对支付利息约定不明确，当事人不能达成补充协议的，按照当地或者当事人的交易方式、交易习惯、市场利率等因素确定利息；自然人之间借款的，视为没有利息。

第四章

人格权编

第21讲

一般人格权如何保护

主持人：《民法典》重大的创新和亮点就是人格权的独立成编。在世界各国民事法典中，并没有独立成编的人格权制度。我国《民法典》中人格权独立成编，不仅是我国民事立法的重大创新，也反映了我们国家注重人的精神本性与精神追求的人文关怀，彰显了《民法典》以人为本的价值理念。今天让我们开启新篇章，一起学习《民法典》中的第四编。

吴老师：一部好的《民法典》可以对一个国家经济社会发展发挥巨大的推动作用。而人格权关系到每个人的尊严，是民事主体最基本、最重要的权利，因此，保护人格权、维护人格尊严是我国法治建设的重要任务。在人格权编中共有51个条文，尽管在《民法典》1260个条文中的比例仅有4.05%，但却因集中规定人格尊严保护而成为集中彰显《民法典》人文关怀精神的“最强音符”。我国《民法典》采取人格权独立成编的立法体例，人格权制度不再散见于《民法总则》《侵权责任法》等单行法以及相关司法解释，这首先意味着人格权法律地位的大幅提升。多达六章的详尽规定不仅令人格权在类型与周延性上愈加完善，人格权请求权的创设也有助于进一步强化人格权的保护力度。

主持人：可以说意义重大。吴老师，人格和人格权之间是什么关系？

吴老师：人格在法律上其实是指能够作为享受权利和承担义务的主体所固有的一种资格，比如，人们享有生命而不被任意剥夺，享有平等而不受歧视，享有尊严而不受侮辱。而人格权则可以理解为维护主体人格所为法律确认和保护的权利。因此说只有具有人格，人才能通过人格权去主张自身的人格权利；也正因为法律规定了人格权的存在，人格利益才能得到切实保护。

主持人：明白了，人格是人在法律上的资格，人格权是法律赋予我们为维护自己的生存和尊严所必须具备的人身权利。人格权关乎每一个人的人格尊严，是公民享有的基本民事权利，根据《民法典》的规定，除前款规定的人格权外，自然人享有基于人身自由、人格尊严产生的其他人格权益。吴老师，这个规定怎么理解？

吴老师：这就是我们通常所称的“一般人格权”条款，它具有解释、补充、创设的功能，当一些没有被具体人格权所概括的人格利益受到侵害时，就可以依据这一条款请求司法保护。它相当于一种兜底的权利，比如，当事人甲在超市购物时，被保安怀疑偷窃东西，带到保安室搜身，后来证明甲并没有盗窃，在此过程中没有第三人在场也没有第三人知道，当事人的社会评价并没有降低，这时无法适用侵犯名誉权的规定，但可以以侵犯人格尊严为由起诉。

一“点”就通 ››› 以案释法

鹿某静、鹿某敏和鹿某斌系同胞兄妹，三人父母已于十年前去世。2019 年 3 月 24 日，兄长鹿某斌去世。鹿某敏多次与鹿某静协商，希望将兄长于当年冬至落葬，鹿某静则表示要待双方法定继承纠纷案件结束后再行落葬。鹿某敏遂于2019年冬至自行办理了鹿某斌的落葬事宜，所刻立的碑文上仅有鹿某敏及其家人的名字，没有将鹿某静及其家人的名字刻上。为办理鹿某斌落葬事宜，墓地费、设施费等各项费用都由鹿某敏承担。鹿某静以鹿某敏未将自己及家人的名字刻到兄长墓碑上，侵犯了其祭奠权为由，向法院提起诉讼，请求依法判令鹿某敏协助其更换“长兄鹿某斌之墓”的墓碑，重新制作，并按长幼次序排列，将鹿某静及家人的名字刻在墓碑上，由此产生的实际费用各负担一半。

法院受理此案后，依法认定鹿某静享有对兄长的祭奠权，支持了其诉讼请求，判决鹿某敏应于判决生效之日起10日内协助鹿某静更换“长兄鹿某斌之墓”的墓碑，重新制作，并按长幼次序排列，将鹿某静及家人的名字刻在兄长鹿某斌的墓碑上，由此产生的实际费用由鹿某静、鹿某敏各负担一半。

吴老师：本案属于一般人格权纠纷，我国法律虽未明文规定祭奠权，但它作为我国的一种传统习俗，同时也蕴含中华民族自古以来的孝悌观念，祭奠行为是人们对亲人寄托哀思的一种精神利益，也向来与个人人格密切相关，符合《民法典》第990条第2款规定的“基于人身自由、人格尊严而产生的其他人格权益”的要件，所以可以认定祭奠权属于一般人格权的一种具体形式。因此，在本案中，鹿某敏在鹿某斌亡故后，没有按照长幼次序将鹿某静及其家人的名字刻写在墓碑上，存在一定过错，侵犯了鹿某静对其兄长的祭奠权，因此，法院支持了鹿某静的诉讼请求，要求鹿某敏采取补救措施，保护了鹿某静的祭奠权。

主持人：希望每一位公民都能学好《民法典》，更好地认识到自身的权益，尤其是提升对人格权的理解。

有问有答

问：某公众号在其推广文中使用明星表情包是否涉嫌侵权？

答：《民法典》规定，未经肖像权人同意，不得制作、使用、公开肖像权人的肖像，但是法律另有规定的除外。其中就有一款规定，为个人学习、艺术欣赏、课堂教学或者科学研究，在必要范围内使用肖像权人已经公开的肖像。在网络上随处可见的明星表情包其实都是在已经公开的照片基础上来进行修改，但是也不能超出界限，比如恶搞、附有具有侮辱诽谤色彩的言论，或者进行营利。公众号的推广文本身就有广告性质，是以营利为目的的，因此存在侵犯肖像权的情况。

【法律依据】

《民法典》

第九百九十条第二款　除前款规定的人格权外，自然人享有基于人身自由、人格尊严产生的其他人格权益。

第 22 讲

遇到性骚扰怎么办

主持人：近年来，职场性骚扰事件频频发生，引发社会广泛关注。其实，不只是企业、学校等单位，地铁、公交、餐厅等人流密集的公共场所也是性骚扰频发之地。此次《民法典》人格权编的一大亮点就是完善了禁止性骚扰条款。《民法典》第 1010 条第 1 款规定，违背他人意愿，以言语、文字、图像、肢体行为等方式对他人实施性骚扰的，受害人有权依法请求行为人承担民事责任。

吴老师：性骚扰是一个不容忽视的社会问题，在《民法典》颁布以前，《妇女权益保障法》首次将“性骚扰”这一名词载入法律当中，其中第 40 条规定，禁止对妇女实施性骚扰。受害妇女有权向单位和有关机关投诉。根据《治安管理处罚法》第 42 条第 5 项和第 44 条的规定，多次发送淫秽信息，干扰他人正常生活的，或者猥亵他人、在公共场所故意裸露身体的，应当受到治安管理处罚。《女职工劳动保护特别规定》第 11 条规定，在劳动场所，用人单位应当预防和制止对女职工的性骚扰。但是，什么是“性骚扰”，这一行为如何界定，侵权人和相关责任人应当承担什么样的责任，尚无统一的规范，因此受害人维权仍然存在较大难度。《民法典》的出台真正赋予性骚扰受害者有力的法律武器，让性骚扰维权有法可依，让责任落到实处。

主持人：是的，《民法典》中规定，机关、企业、学校等单位应当采取合理的预防、受理投诉、调查处置等措施，防止和制止利用职权、从属关系等实施性骚扰。那么，作为用人单位或学校，应当采取什么样的措施来避免承担由性骚扰导致的赔偿责任？

吴老师：《民法典》规定，机关、企业、学校等单位负有为防止和制止利用职权、从属关系等实施性骚扰而采取措施的义务以及负有采取合理措施防止和制止其他性骚扰的义务。例如，提供安全的工作环境，告知性骚扰的惩罚机制及救济程序机制，为调查提供必要的信息，为受害人提供相应的协助等。当单位未尽到采取合理措施的义务时，受害人有权依照该条法律规定请求单位承担民事责任。所以，面对性骚扰，大家不要沉默，一定要拿起法律的武器保护自己。

一"点"就通 ▸▸▸ 以案释法

闫某与戚某两家来往频繁。某日，戚某将闫某骗至家中对其动手动脚，闫某借机挣脱回家。后来，戚某不断给闫某发短信，开始是道歉，接着就相继发了8条带有淫秽性和威胁性内容的短信进行骚扰。闫某认为戚某的行为是性骚扰，给自己的生活和家庭造成了莫大伤害，于是将戚某诉至法院。庭审过程中戚某认为自己是在开玩笑，只不过是言辞过火了一点，并无恶意，也无侵权。

主持人：吴老师，戚某的行为是否构成性骚扰？

吴老师：在这个案例中，戚某在违背原告主观意愿的情况下，以发送淫秽性和威胁性手机短信的方式，多次发送与性有关的不受欢迎的内容，使原告受到冒犯、胁迫和羞辱，产生了不良的心理感受，侵害了原告在性方面所享有的人格利益，对原告及其家庭造成了相当程度的损害后果，其行为构成性骚扰。

主持人：这是首例短信息性骚扰侵权宣判案例，您给我们来分析一下如何界定性骚扰？

吴老师：《民法典》规定，违背他人意愿，以言语、文字、图像、肢体行为等方式对他人实施性骚扰的，受害人有权依法请求行为人承担民事责任。这个条款既规定了性骚扰行为人在主观上是出于性的目的而故意实施侵害受害人性尊严和性利益的行为，并且是违背受害人主观意愿的，同时客观上也列举了 4 种具体的行为方式，比如，带有明显性暗示的语言或文字、展示色情图片、对被侵害者进行身体触碰或者暴露自己等行为。在实际生活当中，尤其是认识的人之间，其实会存在实施性骚扰行为的一方说“我就是和你开个玩笑”，或者双方正处于男女之间的追求阶段的情形，那我们可以看这些行为是否超出了人与人之间正常交往的界限。法律规定给予了受害者充分的保护，只要我们的主观感受不佳，就要立刻严厉地予以制止，或者拿起法律的武器保护自己的权益。

主持人：前段时间，《流金岁月》热播，这部电视剧中，急需用钱还清债务的蒋南孙在师兄的帮助下入职一家小建筑公司，做起了建筑监工。不料，刚刚入职，上司大罗先是向蒋南孙暗示“年轻女孩要懂得放低身价”。之后，又故意约蒋南孙单独到位置偏僻、连手机信号都没有的工作室谈工作。在蒋南孙抵达后，大罗不但关上了门，还对蒋南孙搂搂抱抱，甚至说“只要你愿意，多少钱都可以”。大罗的言语、肢体行为是否构成性骚扰？《民法典》又是如何界定的呢？

吴老师：根据《民法典》的相关规定，违背他人意愿，以言语、文字、图像、肢体行为等方式对他人实施性骚扰的，受害人有权依法请求行为人承担民事责任。《民法典》明确将性骚扰界定为侵害人格权的行为，并进一步加强了对性骚扰的法律规制，为性骚扰维权提供了强有力的法律保障。

根据最高人民法院民法典贯彻实施工作领导小组主编的《中华人民共和国民法典人格权编理解与适用》，性骚扰主要是与性有关的行为，性挑逗、性贿赂、性要挟、性强迫都会构成性骚扰，其形式不限于暴力强迫，更多的是非暴力性的，以言语、文字、图像、肢体行为等方式对他人实施性的骚扰，如身体接触、出示色情文学图像、网上性骚扰、电话性骚扰等。

在上面提到的这部剧中，大罗利用自己与蒋南孙的上下级关系，让蒋南孙独自前往位置偏僻的工作室，并对其进行性暗示，并且有搂抱等违背蒋南孙意愿的不良肢体接触，其行为已经构成性骚扰，蒋南孙可以依照《民法典》的相关规定，要求大罗承担民事责任。

主持人：最让我感到不快的是，为了尽快还清债务，蒋南孙在遭到性骚扰后没有第一时间维权，而是选择独自隐忍。然而，公司不仅没有开除“老师傅”大罗，还把遭遇性骚扰的蒋南孙辞退了。那么，根据《民法典》的规定，在员工遭到职场性骚扰后，单位应当承担哪些义务？

吴老师：根据《民法典》的相关规定，机关、企业、学校等单位应当采取合理的预防、受理投诉、调查处置等措施，防止和制止利用职权、从属关系等实施性骚扰。

《民法典》明确规定了机关、企业、学校等单位预防和制止性骚扰的义务，明确了相关单位的管理责任，要求管理方切实履行防范和制止性骚扰的法律义务。在《民法典》颁布以前，关于性骚扰的法律规定尚不完善，在《妇女权益保障法》中，仅规定了“受害妇女有权向单位和有关机关投诉”。2012年国务院发布的《女职工劳动保护特别规定》规定，“在劳动场所，用人单位应当预防和制止对女职工的性骚扰”，虽然有这些规定，但是，向什么机构投诉、单位应当承担什么样的责任都不明确。另外，职场和高校是性骚扰的高发场所，很多性骚扰行为都是基于性骚扰实施者和受害人之间的身份关系而发生的，比如行为人利用自己的职权对受害人形成的制约关系进行一定的胁迫，使受害人不敢声张或者由于管理单位纵容包庇等一系列原因产生维权难的问题。因此，《民法典》的规定弥补了法律的空白，能够有效防止此类行为的发生，增强了受害人维权的可操作性。

主持人： 遭遇性骚扰，我们该如何维权呢？《民法典》如何规定性骚扰的侵权责任承担方式？

吴老师：《民法典》第995条规定，人格权受到侵害的，受害人有权依照本法和其他法律的规定请求行为人承担民事责任。受害人的停止侵害、排除妨碍、消除危险、消除影响、恢复名誉、赔礼道歉请求权，不适用诉讼时效的规定。

《民法典》又将性骚扰界定为侵害人格权的行为，人格权请求权可直接向加害人提出，也可向法院提出。同时，任何民事权益因侵权行为遭到侵害，受害人都可以行使损害赔偿请求权，人格权作为受法律保护的民事权益，在受到侵害时，也可依据《民法典》侵权责任编的规定请求行为人承担侵权责任。

根据《中华人民共和国民法典人格权编理解与适用》，性骚扰的侵权责任承担方式包括以下几种：（1）停止侵害。当加害人正在对受害人实施性骚扰时，受害人可以依法请求停止性骚扰。（2）精神损害赔偿。根据《民法典》的规定，侵害自然人人身权益造成严重精神损害的，被侵权人有权请求精神损害赔偿。性骚扰可能对受害者造成精神痛苦，给受害者制造一种令人生厌的、受压抑的工作学习环境，使其心理上承受压力，造成精神痛苦和折磨，故性骚扰可能涉及精神损害赔偿。（3）消除影响、恢复名誉。性骚扰可能会在一定范围内对受害者造成不良影响，有损受害者的名誉，受害者可请求消除影响、恢复名誉。

主持人：什么是性骚扰，法律给了更明确的解释。也希望大家可以善用法律，对性骚扰说“不”。

有问有答

问：遭遇性骚扰行为，但当时没有起诉，超过追诉时效后还可以依法请求赔偿吗？

答：虽然向人民法院请求保护民事权利的诉讼时效期间为3年，但《民法典》第995条规定，人格权受到侵害的，受害人有权依照《民法典》和其他法律的规定请求行为人承担民事责任。受害人的停止侵害、排除妨碍、消除危险、消除影响、恢复名誉、赔礼道歉请求权，不适用诉讼时效的规定。因此，遭遇性骚扰行为，但当时没有起诉，超过追诉时效后仍然可以依法请求赔偿。

【法律依据】

《民法典》

第一千零一十条第一款　违背他人意愿，以言语、文字、图像、肢体行为等方式对他人实施性骚扰的，受害人有权依法请求行为人承担民事责任。

第 23 讲

什么是申请人格权侵害禁令

主持人：人格权与每个人息息相关，是最基本的权利。为了贯彻《民法典》人格权编的相关规定，国家在司法政策中为被侵权者设置了申请人格权侵害禁令的权利，畅通人格权救济渠道，让法院公正审理人格权案件。通过人格权案件的公正审理，让人身自由得到充分保障、人格尊严受到切实尊重，充分彰显我国《民法典》的人民立场和我国人民的主体地位。人格权独立成编是我国《民法典》的一大创举，其中新增的“申请人格权侵害禁令”的规定也被认为是人格权编的亮点之一。根据《民法典》的规定，民事主体有证据证明行为人正在实施或者即将实施侵害其人格权的违法行为，不及时制止将使其合法权益受到难以弥补的损害的，有权依法向人民法院申请采取责令行为人停止有关行为的措施。吴老师，对于这个规定应当如何理解？

吴老师：首先，对于行为人正在实施或者即将实施侵害其人格权的违法行为是否将使其合法权益受到难以弥补的损害，《民法典》第 998 条规定，除了生命权、身体权和健康权以外，还应当考虑行为人和受害人的职业、影响范围、过错程度，以及行为的目的、方式、后果等因素。如果经综合考虑后认定行为人确实需要承担民事责任，那么还需要考量该侵权行为的紧迫性和适用禁令的必要性，不及时制止是否会带来难以弥补的损失。

一“点”就通 以案释法

女子严某与男子邹某原来是夫妻关系，两人婚后生育一女。2018 年，两人协议离婚，约定女儿由严某抚养，夫妻共同房产归严某所有。离婚后，双方矛盾不断，还分别因为抚养费问题、离婚后财产问题等起诉过对方。后来，两人的矛盾逐步加深。邹某便经常以探望女儿、索取房产分割款等为由，到严某和女儿的住处威胁、骚扰严某，甚至对严某进行殴打，造成严某全身多处软组织损伤，伤害了严某和女儿的身心健康。严某无奈之下向法院提出人身安全保护令申请。

吴老师：人身安全保护令的申请主体主要是有监护关系、抚（扶）养关系、寄养关系以及同居关系的人员。根据《民法典》的相关规定，民事主体有证据证明行为人正在实施或者即将实施侵害其人格权的违法行为，不及时制止将使其合法权益受到难以弥补的损害的，有权依法向人民法院申请采取责令行为人停止有关行为的措施，这是我国法律首次规定人格权侵害禁令制度。

本案中，虽然严某与邹某已经离婚，且未共同生活，不属于法律规定的“家庭成员”的范围，但是邹某经常以探望女儿、索取房产分割款等事项为由到严某和女儿的住处骚扰、威胁严某，甚至殴打严某，其行为已经侵害了严某的人格权，不及时制止将严重损害严某的合法权益，符合适用人格权侵害禁令的情形。邹某将受到法律的制裁。

主持人：《民法典》首次规定了人格权侵害禁令制度，旨在及时制止侵害人格权的行为，防止损害后果扩大造成不可逆转的损害，强化对人格权的保护。那么，吴老师，人格权侵害禁令制度适用于什么情况？

吴老师：它的适用条件是：（1）行为人正在实施或者即将实施侵害人格权的行为；（2）如不及时制止将会使损害后果迅速扩大或难以弥补；（3）申请人有证据证明行为人正在实施或即将实施相关侵害行为。

事实上，在《民法典》颁布之前，《反家庭暴力法》就规定了人身安全保护令，这也是为了保护家庭成员不受家庭暴力侵害，由人民法院作出的民事强制措施。《民法典》在此基础上规定了人格权侵害禁令，在申请主体方面更加广泛，更为全面地保护了法益。

有问有答

问：如果网店店家遭遇了某买家的恶意差评，导致销售量下跌，能否适用人格权侵害禁令？

答：如果买家是出于维权的目的，那么，对于买家对商品的评价权利是应当尊重的，但前提是必须基于客观事实，不能恶意捏造、诽谤，否则将会侵害卖家的名誉权，卖家有权依法维护自身权利。适用人格权侵害禁令需要综合考虑行为的影响程度，衡量双方的正当权利。

【法律依据】

《民法典》

第九百九十七条　民事主体有证据证明行为人正在实施或者即将实施侵害其人格权的违法行为，不及时制止将使其合法权益受到难以弥补的损害的，有权依法向人民法院申请采取责令行为人停止有关行为的措施。

第 24 讲

人身自由权的边界，你知道吗

主持人：现实生活中，自助行为无处不在。比如，客人在饭店吃饭时没带钱，店主不让他离开，等待他人送钱结账，这种拘束客人行为自由的行为就是自助行为，并不构成对人身自由权的侵犯。那么，什么行为才是侵害人身自由权的行为呢？

吴老师：侵害人身自由权主要有这 5 种行为：（1）非法限制、拘禁。非法限制自然人身体自由，甚至予以非法拘禁，为侵害人身自由权的行为。（2）非法妨害行动。利用被害人自身的羞耻、恐怖的观念，妨害其行动，也是侵害人身自由权的违法行为。（3）妨害公路通行。对于公路的一般使用为一种自由，对此加以妨害，即属对自由的侵害，为侵害人身自由权的违法行为。（4）侵害通信自由。通信为自然人传达意思的手段，系自然人人身自由即行为自由的范畴，故侵害书信或通信之秘密，系侵害人身自由权。（5）非法进行强制医疗。未经本人或者其近亲属同意，采取强制治疗手段，限制他人人身自由。

侵害思维自由权主要包括这两种违法行为：（1）欺诈胁迫。欺诈和胁迫，均妨碍、干涉、限制了自然人正当的思维，使其陷入错误的观念，为侵害思维自由权的违法行为。（2）虚伪报告及恶意推荐。如果故意使人陷入错误而进行虚伪报告或恶意推荐，是对思维自由权的侵害，为违法行为。

主持人：所以，我们刚刚说到的，顾客忘了带钱包，店主让其等待亲人送钱的，店主的行为是不构成侵害人身自由权的吗？

吴老师：这种情况就属于《民法典》所规定的自助行为。店家为了保护自己的合法权益，在事情紧迫而又不能及时请求国家机关予以保护的情况下，自己采取对他人的财产或自由加以扣押、拘束或者其他相应措施。这种措施不侵害人身自由权。在此过程中也要注意，如果措施不当造成他人损害，或实施自助行为后没有立即请求国家机关进行处理，也需要承担相应的侵权责任。

一"点"就通 ›› 以案释法

李某、刘某经营一个鞋样设计部，向郭某订购成品鞋等。双方因货款产生纠纷，郭某认为李某、刘某无故拖欠其约 200 万元的货款，李某、刘某则认为货物有质量问题，且付款条件未成就，不存在拖欠。因货款纠纷，李某、刘某的住所（同时也是办公场所）被赖某、吴某和唐某等人长期蹲守（经查这三人是郭某派来的），且赖某、吴某和唐某还实施了以下行为：（1）李某、刘某外出时一直跟随，有一人曾经强行进入他们的小轿车内，另一人开电动车尾随；（2）李某、刘某在餐馆用餐时，坐在旁边一桌同时用餐；（3）进入李某、刘某住所后拒绝离开；（4）不间断地守候于李某、刘某住所外，并搬来折叠床睡觉等。李某、刘某及其住宅小区的物业公司向公安机关举报，当地派出所到场劝走了赖某等人，并对相关人员做了询问笔录。李某、刘某遂以侵犯人身权为由，将郭某等人告上法庭。

法院经审理确认，郭某派人于非营业时间在李某、刘某的住所内和住所外业主共有区域监视、尾随、跟踪以及强行进入小轿车实施尾随的行为侵犯了李某、刘某的人身自由权，应承担民事责任。

主持人：吴老师，郭某等人的催款行为是否超过了权利的边界，是否影响到他人正常行使民事权利？

吴老师：自然人的人身自由权包括身体行动自由与精神活动自由，前者是自然人根据自己的愿望自由支配其外在身体运动的权利；后者的实质为意志决定自由，是自然人进行意思表示或其他民事活动的意志决定自由。本案中，郭某让赖某、吴某和唐某等人强行进入李某、刘某的轿车，强行尾随且拒绝离开，还在非营业时间在其住所外蹲守，这些行为都侵害了李某、刘某的意志自由，使其无法根据自己的意志自由地行动而不受他人干扰。

公民在行使自由权利的时候，不得侵犯他人合法的自由和权利。若郭某出于维护其货款的正当目的，采取不影响李某、刘某正常行使民事权利的措施，则属于正常行使其应有的民事权利。但郭某派人在非营业时间对李某、刘某进行监视、尾随、跟踪以及强行进入小轿车实施尾随的行为影响了李某、刘某的正常生活，已经超出了权利的边界，侵犯了李某、刘某的人身自由权。

主持人：吴老师，侵害人身自由权会有哪些后果？

吴老师：首先是民事法律后果。侵害人身自由权的民法救济方法，主要分为非财产性救济方法和财产性救济方法。非财产性救济方法是指人民法院可以根据情形依法判令停止侵害、恢复名誉、消除影响、赔礼道歉；财产性救济方法是，造成严重精神损害的，受害人有权请求精神损害赔偿。不法侵害他人人身自由权，造成受害人财产上的损失的，受害人可以依一般侵权行为的规定，请求赔偿损失，包括直接损失和间接损失。其次是治安管理处罚方面的法律后果。《治安管理处罚法》第40条规定，非法限制他人人身自由的，可处拘留，并处罚款。更严重的情况甚至可能触犯《刑法》。

有问有答

问：陌生人拦截婚礼车队，不给礼金不让走，这种情况属不属于侵害人身自由权？

答：侵害身体自由权的行为就包括妨害公路通行。对于公路的一般使用为一种自由，不法加以妨害，即属对自由的侵害，为非法行为。

【法律依据】

《民法典》

第一千零一十一条　以非法拘禁等方式剥夺、限制他人的行动自由，或者非法搜查他人身体的，受害人有权依法请求行为人承担民事责任。

第25讲

你的“脸面”，《民法典》来守护

主持人：《民法典》把肖像权纳入人格权编独立成章，扩大了肖像权的保护范围，加强了对每个人“脸面”的保护力度，适应了大数据时代、智能社会对肖像保护的需要。微信是我们日常生活中用得比较多的社交软件了，你发个“葛优躺”，我回个“苏大强”，P个图换个脸，这些加工形成的表情包到底能不能使用？聊天斗图需不需要承担法律风险呢？AI换脸技术的法律红线在哪儿？这些问题《民法典》都给出了明确答案。今天让我们来关注一下肖像权。吴老师，您先来给我们介绍一下肖像的定义，据我了解，这里边可不是仅仅包含我们的容颜。

吴老师：肖像是指通过一定形式所再现的特定自然人的形象，如绘画、摄影、雕塑，不仅包括容颜这种直观的形象，只要这种外部形象能够被识别并与特定自然人建立起对应联系，都可以列入肖像权的保护范围。

例如，在几年前备受讨论的“乔丹”商标侵权案中，乔丹体育将美国球星迈克尔·乔丹标志性的扣篮动作剪影作为商标使用，被乔丹以侵犯其姓名权和肖像权为由提起诉讼。“乔丹”这一人名和扣篮的图像结合起来，极易让人产生混淆，进而与迈克尔·乔丹本人建立起联系，无疑侵犯了其肖像权。

主持人：还有就是死者的肖像，也是受保护的吗？

吴老师：是的。《民法典》第994条规定，死者人格权益受侵害时，死者的近亲属可作为请求权人主张权利。虽然人格权在自然人死亡后失去了存续的基础，但其肖像、名誉等承载和保护的利益却不因此消失。不当使用死者的肖像导致死者生前的形象被破坏，而使生者蒙羞，死者的配偶、子女、父母或者其他近亲属同样可向侵权人主张权利。

主持人：在现今这个智能社会，社交软件形式多样，大家在出行旅游、购物消费、记录生活时都会使用或被采集个人信息，人脸信息、照片、影像等就容易被非法采集、滥用，随时可能给受害人带来难以估量的损失。吴老师，什么行为会构成侵害肖像权？

吴老师：首先是以营利为目的的行为。例如，有些商家未经他人同意，私自使用他人照片进行医美、减肥宣传，使用明星肖像制作印刷品进行售卖等行为，都会构成肖像权侵权。其次，AI换脸、P图恶搞也会构成侵权，如非法利用信息技术手段深度伪造他人肖像，制作他人表情包、视频，甚至是在此基础上吸引流量变现牟利。

一"点"就通 ▸▸▸ 以案释法

近日，瘦身成功的魏先生发现自己"火了"。自己身材前后的对比照片被健身公司公开发布到某款App上，照片中的他上身裸露，面部清晰。原来是健身教练找到魏先生希望将其照片用于"效果会员"宣传使用，但健身教练并未告知"效果会员"对应的宣传范围。魏先生因此认为健身公司侵犯了其肖像权。

吴老师：侵犯肖像权的具体行为主要有：未经肖像权人同意，以营利为目的使用肖像权人的肖像；虽不以营利为目的，但未经肖像权人同意而将权利人的肖像进行展示、公开、陈列、复制；超出肖像权人许可范围和许可地域范围使用权利人的肖像；超出肖像权人许可的使用期间使用权利人的肖像等行为。在这个案例中，健身教练并未告知魏先生"效果会员"对应的宣传范围，超出了魏先生的许可范围，已经构成了肖像权侵权。魏先生可以向法院提起诉讼，要求健身公司承担赔礼道歉、赔偿损失等民事责任。

有问有答

问：用他人的音频剪辑制作成所谓的恶搞视频，是否涉及侵犯人格权的情况？

答：声音同肖像一样，也可以与人建立对应联系，具有可识别性，《民法典》规定，对自然人声音的保护，参照适用肖像权保护的有关规定。如果未经权利人同意，制作、使用、公开其声音，会涉嫌侵犯人格权，需要承担相应的侵权责任。

【法律依据】

《民法典》

第一千零一十八条第一款 自然人享有肖像权，有权依法制作、使用、公开或者许可他人使用自己的肖像。

第一千零一十九条第一款 任何组织或者个人不得以丑化、污损，或者利用信息技术手段伪造等方式侵害他人肖像权。……

第26讲

企业对个人信息保护的相关问题

主持人：《民法典》人格权编中有关于个人信息保护的规定，是《民法典》对实践中出现的大量个人信息保护问题的及时回应，通过法律条文，为我国个人信息保护提供了强有力的法律保障。我们在找工作的时候，会投发简历给各个企业，企业在经营的过程中，也会收集和存储员工的信息，这些信息是否是《民法典》所保护的个人信息呢？

吴老师：根据《民法典》的相关规定，个人信息是以电子或者其他方式记录的能够单独或者与其他信息结合识别特定自然人的各种信息。也就是说，个人信息要具有“可识别性”，可以通过这些信息识别出特定的某一个人。不仅包括能够直接识别出特定自然人的单个信息，也包括与其他信息结合后识别出特定自然人的信息。

主持人：也就是说，专属于某个人的信息就是个人信息，最简单的就是身份证号码？

吴老师：个人信息的范围是非常广泛的。《民法典》对个人信息的种类进行了列举，包括自然人的姓名、出生日期、身份证件号码、生物识别信息、住址、电话号码、电子邮箱、健康信息、行踪信息等。同时,《民法典》第1034条第2款规定,个人信息中的私密信息,适用有关隐私权的规定;没有规定的,适用有关个人信息保护的规定。这也说明,隐私权和个人信息存在重叠交叉的部分,除了上述列举的直接可见的信息以外,像涉及我们个人隐私的信息,如我们的账号密码,作为我们登录账号的一把钥匙,也应当认定为个人信息。

一"点"就通 以案释法

孙某是公司的财务,因为长时间没有返回工作岗位,已经违反了公司管理制度,公司拟将他辞退,但是需要他回公司办理离职手续及工作交接,于是通过EMS向孙某的家庭地址邮寄了《限期返岗并归还公司财务通知书》,同时公司在快递单上用胶带粘贴了孙某的身份信息,孙某以公司行为侵犯自己个人信息为由,向法院起诉。法院经过审理认为,身份证号系与个人的身份密切相关的信息,公司作为孙某的用人单位应合理合法地持有和使用该身份信息,其向孙某寄送的相关函件已经在封面的快递单上记载了文件的具体名称,完全没有必要将含有个人信息的通知原件粘贴于信封外部,该种邮寄方式显属不当,已经侵犯了孙某的隐私权,给孙某的情感和精神造成了一定的伤害,最终酌情判令公司赔偿2000元。

吴老师:个人信息的处理包括个人信息的收集、存储、使用、加工、传输、提供、公开等。信息处理者不得泄露或者篡改其收集、存储的个人信息。这则案例,就是用人单位没有合理使用员工个人信息,导致孙某个人信息遭到泄露而引发的。企业在经营过程中所收集和存储的员工信息，一般都会被认定为个人信息，而对这些信息的处理行为都会受到《民法典》所规定的信息处理者的信息安全保障义务的约束。对于员工的个人信息，在收集上应当谨慎，在用途上应当仅限于本单位工作之用，同时应当妥善保管，不得非法披露或者非法他用，否则容易产生相应的侵权赔偿责任。

主持人：随着个人信息在《民法典》中的确定，之后个人信息保护的力度将会不断加大，企业应当加强在个人信息处理上的风险意识，并采取相应措施减少个人信息问题对企业经营的影响。

有问有答

问：我们日常生活中寄快递的时候，快递公司要求提供身份证号码和电话号码，这是否属于必要提供的个人信息？

答：国家互联网信息办公室、工业和信息化部、公安部、国家市场监督管理总局联合印发了《常见类型移动互联网应用程序必要个人信息范围规定》，明确了39种常见类型App的必要个人信息范围，包括地图导航、网约车、即时通信、网上购物、邮件快递等39类平台收集必要个人信息的范围，其中寄快递时提供身份证号码和电话号码就属于必要范围之内。

【法律依据】

《民法典》

第一千零三十四条　自然人的个人信息受法律保护。

个人信息是以电子或者其他方式记录的能够单独或者与其他信息结合识别特定自然人的各种信息，包括自然人的姓名、出生日期、身份证件号码、生物识别信息、住址、电话号码、电子邮箱、健康信息、行踪信息等。

个人信息中的私密信息，适用有关隐私权的规定；没有规定的，适用有关个人信息保护的规定。

第 27 讲

关于名誉权，《民法典》有话说

主持人： 随着网络媒体、社交平台的蓬勃发展，造谣诽谤行为由线下向线上延伸。由于借助了视频剪辑拼接、捏造画外音、深度伪造技术等手段，在网络时代造谣诽谤带来的影响波及范围更广、影响更大，很多人深受其害。《民法典》人格权编对公民个人的名誉权也进行了详细规定，请吴老师先给我们分析一下。

吴老师： 名誉权是每个人都享有的一项基本人格权。我国法律历来重视对名誉权的保护，从《民法通则》到《民法典》，从《治安管理处罚法》到《刑法》，不同时代的法律和不同的部门法都对人格权提供了保护。名誉权作为典型的具体人格权，规定于《民法典》人格权编第五章。名誉是这项人格权的保护客体，即对民事主体的品德、声望、才能、信用等的社会评价。基于名誉权，每个人都能享有社会大众对自己的客观评价，并保持自己的名誉不被他人贬损。

主持人： 侵害名誉的方式有哪些呢？

吴老师： 侵害名誉的行为有多种表现形式，既有作为的方式也有不作为的方式。除侮辱、诽谤等以作为方式侵害他人名誉的以外，不作为的方式也能构成名誉侵权。如《民法典》第 1025 条即规定了行为人在实施新闻报道、舆论监督等行为时，未对他人提供的失实内容尽到合理核实义务，影响他人名誉的，需要承担民事责任。另外，在媒体报道内容失实，侵害他人名誉权的情形下，媒体应及时采取更正或删除等必要措施；不及时采取措施的，也构成对他人名誉的侵害。

一“点”就通 ›››以案释法

近日，“杭州女子取快递被造谣出轨案”频上热搜，这起案件是典型的侵犯名誉权案件。该案中，杭州一名未婚女子在小区取快递时被偷拍，偷拍者还编造了“出轨快递小哥”的微信聊天内容并在网上扩散传播，导致该女子收到大量的询问及谩骂信息，给其带来巨大的精神压力，也造成了严重的社会不良影响。两名造谣者被公安机关予以行政拘留，由于赔偿问题无果、道歉态度消极，受害女子向法院提起刑事自诉获立案受理。后根据检察院建议，杭州市公安局余杭分局对两名嫌疑人以涉嫌诽谤进行刑事立案侦查。

吴老师：在这个案件中，造谣者偷拍受害女士以及造谣的行为已经侵犯了受害女士的肖像权和名誉权，可以依法追究其相应的民事侵权责任。同时，《治安管理处罚法》也规定，公然侮辱他人或者捏造事实诽谤他人的，可处以行政拘留或罚款。《刑法》规定，以暴力或者其他方法公然侮辱他人或者捏造事实诽谤他人，情节严重的，处3年以下有期徒刑、拘役、管制或者剥夺政治权利。最高人民法院、最高人民检察院《关于办理利用信息网络实施诽谤等刑事案件适用法律若干问题的解释》对“情节严重”作出了解释，如果有关受害女士的谣言在网络上大量传播，导致同一诽谤信息实际被点击、浏览次数达到5000次以上，或者被转发次数达到500次以上，按照有关规定，造谣者将要承担刑事责任。

主持人：刚刚我们介绍的是一起线上诽谤案例，上次我看到一条新闻，一位大爷因为偷拿超市物品被挂上“我是小偷”的牌子示众，吴老师，这是否侵害了这位大爷的名誉权呢？

吴老师：民事主体享有名誉权，任何组织或者个人不得以侮辱、诽谤等方式侵害他人的名誉权。不论老人是否已经构成盗窃，超市无权对老人进行挂牌示众的惩罚行为，其行为降低了老人的社会评价，涉嫌侵犯老人的名誉权，老人可以要求超市停止侵害、消除影响、恢复名誉、赔礼道歉等。

有问有答

问：行为人为公共利益实施新闻报道、舆论监督等行为，影响他人名誉的，一般不承担民事责任，这种说法是否正确？

答：这种说法是正确的。但是，有下列三种情况除外：（1）捏造、歪曲事实；（2）对他人提供的严重失实内容未尽到合理核实义务；（3）使用侮辱性言辞等贬损他人名誉。

【法律依据】

《民法典》

第一千零二十四条 民事主体享有名誉权。任何组织或者个人不得以侮辱、诽谤等方式侵害他人的名誉权。

名誉是对民事主体的品德、声望、才能、信用等的社会评价。

第 28 讲

声音有了人格权“身份证”

主持人： 根据《民法典》的相关规定，对自然人声音的保护，参照适用肖像权保护的规定，这是此次《民法典》人格权编的一大亮点。此次立法实际上承认了声音权益是一种独立的新型人格权，只是在权利保护的技术层面采用了参照肖像权的保护模式。吴老师，对此应该怎么理解？

吴老师： 声音同肖像一样，也可以与人建立对应联系，具有可识别性，与人格权具有紧密的联系。比如，声音克隆技术的出现，不但对自然人的人格权，甚至对财产权都造成了极大挑战，《民法典》对声音的保护，和对肖像权的保护一样，规定不得以丑化、污损或者利用信息技术手段伪造等方式侵害他人的声音权益。未经权利人同意，不得制作、使用、公开其声音。

主持人： 吴老师，在《民法典》颁布之前，对于声音能否成为一项人格权，以及是否需要单独加以保护具有较大争议。还请您介绍一下。

吴老师： 是的，对于声音权益的保护，之前在《民法通则》以及《侵权责任法》当中都没有明确规定，而《民法典》首次规定了声音权益受法律保护。

并且，声音权益作为一项人格权，具有专属性和一定的财产属性，特定的声音可以产生经济价值。因此，一旦权利人的声音被剪辑、录制、公开、使用，就有可能给声音主体的人身权益、财产权益造成损害，还可能同时发生侵犯知识产权等权益的情况。

当然，《民法典》还规定了侵犯声音权益的抗辩事由，为合理使用声音确认了边界。例如：（1）为个人学习、艺术欣赏、课堂教学或者科学研究，在必要范围内使用权利人已经公开的声音；（2）为实施新闻报道、舆论监督等行为，不可避免地制作、使用、公开权利人的声音；（3）为依法履行职责，国家机关在必要范围内制作、使用、公开权利人的声音；（4）为维护公共利益或者权利人的合法权益，制作、使用、公开权利人声音的其他行为。

主持人：吴老师，拍短视频是当代人的趣味活动，如果我剪辑某位明星的配音，配到我的视频当中，上传至我的自媒体账号，这样是否合法呢？

吴老师：未经权利人同意，不得制作、使用、公开权利人的声音，但是法律另有规定的除外，即要兼具合理性和必要性。如果以丑化、污损方式剪辑明星的配音上传到自媒体账号，或者实施这种行为是出于商业目的和不当牟利目的，不仅会涉及侵犯声音权，还可能侵犯当事人的名誉权。

主持人：那么，恶搞、伪造声音会有什么样的后果呢？

吴老师：权利人可以向法院提起诉讼，要求行为人停止侵害、消除影响、赔礼道歉、赔偿损失等。

主持人：不只是明星的声音受到保护，我们每一位自然人的声音都是受到法律保护的吧。

吴老师：对。《民法典》生效后，自然人的声音作为一种人身权利将受到法律保护。任何人未经本人许可，随意使用他人声音，出于商业目的或者不当牟利目的而获取利益的，被侵权人都可以适用人格权请求权或者侵权责任请求权的规定，保护自己的声音权不受侵害。

有问有答

问：媒体在舆论监督中公开含有公众人物的不良言论的录音资料，是否涉及侵犯声音权？

《民法典》对自然人声音的保护，参照适用肖像权保护的有关规定。因此，如果媒体为进行新闻报道和舆论监督，合理使用、公开这些录音资料，通常情况下不构成侵犯声音权。同时要注意，如果媒体捏造、歪曲事实，对严重事实内容未尽核实义务，侮辱贬损他人，则可能侵犯到当事人的名誉权。

【法律依据】

《民法典》

第一千零二十三条第二款　对自然人声音的保护，参照适用肖像权保护的有关规定。

第 29 讲

谁动了你的“隐私”

主持人：《民法典》第 1032 条是新增条文，本条第 1 款明确了隐私权是一项具体人格权。《民法典》第 1032 条规定：“自然人享有隐私权。任何组织或者个人不得以刺探、侵扰、泄露、公开等方式侵害他人的隐私权。隐私是自然人的私人生活安宁和不愿为他人知晓的私密空间、私密活动、私密信息。”吴老师，请您来解读一下。

吴老师：我国关于隐私权的规定最早出现在 1988 年最高人民法院《关于贯彻执行〈中华人民共和国民法通则〉若干问题的意见（试行）》，该规定第 140 条将隐私纳入名誉权的保护范围，为我国隐私权保护制度的创立和发展奠定了基础。2005 年《妇女权益保障法》第一次明确隐私权是一种权利。2009 年《侵权责任法》首次将隐私权作为一种独立的民事权利加以规定，把隐私权从名誉权中独立出来，纳入《侵权责任法》的保护范围。2017 年《民法总则》第 110 条也明确自然人享有隐私权。

主持人：吴老师，您具体给我们说说什么是隐私权。

吴老师：《民法典》明确了隐私的定义，它是指自然人的私人生活安宁和不愿为他人知晓的私密空间、私密活动、私密信息。隐私权是指自然人享有的对自己的个人秘密和个人私生活进行支配并排除他人干涉的一种人格权。私人生活安宁是指自然人的生活安定和宁静的权利，自然人有权排斥他人对其正常生活的骚扰。《民法典》将“生活安宁”第一次明确纳入隐私权，进一步丰富了隐私权的内涵并扩大了这项权利的保护范围，是此次《民法典》编纂的一大亮点；私密空间隐私是指私人支配的空间场所；私密活动是一切个人的、与公共利益无关的活动，这些活动如果权利人不愿为他人知晓则为其隐私；私密信息指一切私人不愿意公开的信息，只要这种不愿公开不违反法律和社会公共道德，都属于应受法律保护的隐私。

主持人：那什么样的行为构成侵犯隐私权呢？

吴老师：比如：（1）未经公民许可，公开其姓名、肖像、住址、身份证号码和电话号码；（2）非法侵入、搜查他人住宅，或以其他方式破坏他人居住安宁；（3）非法跟踪他人，监视他人住所，安装窃听设备，私拍他人私生活镜头，窥探他人室内情况；（4）非法刺探他人财产状况或未经本人允许公布其财产状况；（5）私拆他人信件，偷看他人日记，刺探他人私人文件内容，以及将他们公开；（6）调查、刺探他人社会关系并非法公之于众。上述行为均构成对隐私权的侵犯。

一“点”就通 ▸▸▸ 以案释法

2017年3月，牛某某在某银行支行开卡机上开户，并预留了个人手机号码。之后，牛某某收到该银行发送的多条短信，内容均为该银行的各类营销信息，并写明了退订方式。牛某某先后数十次通过发送短信、致电人工客服等方式进行退订均未果，该银行仍向牛某某发送营销短信。2020年3月，牛某某至该银行支行营业厅退订营销短信，该银行支行通过手动方式取消向牛某某发送营销短信的项目。2020 年 7 月，牛某某将该银行支行诉至法院，要求该银行支行书面赔礼道歉，赔偿其误工费、通信费、交通费等各项损失 1000 余元及精神损害抚慰金 1 元。该银行支行辩称：牛某某在该银行开户时，已通过勾选开卡须知的形式，同意该银行向其发送营销短信。短信退订未成功是因银行合作商的短信平台没有收集到牛某某的退订短信。牛某某生命、健康未受到伤害，不同意赔偿其精神损失，但同意给予一定补偿。

主持人：吴老师，您根据《民法典》给我们来分析一下这个案例吧。

吴老师：《民法典》将私人生活安宁纳入了隐私权的保护范围，除法律另有规定或者权利人明确同意外，任何组织或个人不得以电话、短信、即时通信工具、电子邮件、传单等方式侵扰他人的私人生活安宁。银行把默认发送营销短信嵌入开户须知中，往往不勾选就不能进入下一环节，这样做并不是为了获得当事人的明确认可，这种程序上的不合理侵犯了公民的选择权。本案当事人多次退订均没有成功，不仅对当事人的财产造成了损害，也对当事人的精神造成了一定的损害，银行应当对其进行赔偿。同时，银行也应该加强他们自身的合规管理，这不仅是对客户权利的保障，也是对自身经营风险的一种防范。

主持人：日常生活中，当我们的隐私遭到侵犯时，您有什么好建议？

吴老师：当下信息技术发展对我们的隐私权构成了很大的挑战。首先，我们要从自身做起，做好预防工作，注意网络安全，非必要不将自己的私密信息、活动等暴露给他人。同时，增强法律意识、维权意识，对于其他个人违法侵犯我们的隐私权或者信息收集者不遵循合法、正当、必要原则而违法违规处理信息的，可以请求公安机关依法处理，或者向人民法院提起民事诉讼，要求停止侵害、消除影响、赔礼道歉、赔偿损失，充分保障自己的合法权益。

有问有答

问：个人信息中的私密信息是否优先适用有关隐私权的保护规定？

答：个人信息中的私密信息，适用有关隐私权的规定；没有规定的，适用有关个人信息保护的规定。

【法律依据】

《民法典》

第一千零三十二条 自然人享有隐私权。任何组织或者个人不得以刺探、侵扰、泄露、公开等方式侵害他人的隐私权。

隐私是自然人的私人生活安宁和不愿为他人知晓的私密空间、私密活动、私密信息。

第 30 讲

拒绝“刷脸”，你可以

主持人：卖房中介看“脸”报价？无处不在的“人脸识别”是真有必要还是套路满满？按照《民法典》的规定，这些“无感”的个人信息收集和处理行为并不合法，今天人脸识别技术作为近些年热度很高的新技术之一，得到了广泛应用。但是，最近人脸识别频现“雷区”，引起人们关注。吴老师，《民法典》对于这个问题有什么规定？

吴老师：《民法典》对个人信息作出了定义。人脸识别是基于人的脸部特征信息进行身份识别的一种生物识别技术，而生物识别信息作为敏感的个人信息，深度体现自然人的生理和行为特征，具备较强的人格属性，故应当属于个人信息。《民法典》还明确，除了法律、行政法规另有规定的，处理个人信息须经本人同意。人脸识别等生物信息具有唯一性和不可更改的特性，因此一旦泄露就会给个人隐私和财产安全带来巨大隐患。这就需要国家立法机关加强立法，有关部门配合做工作，加强监管力度，进一步织密人脸等生物信息保护网，对于非法采集和人脸等生物信息的行为及时有效地进行打击，降低个人维权难度，减少违法行为打击漏洞，对市场行为进行规范和引导。

一"点"就通 ››› 以案释法

游客郭某不满杭州野生动物世界采用人脸识别方式入园的做法，便以侵犯隐私权和服务合同违约为由将后者告上法庭。此案被称为"人脸识别第一案"。

2019年4月，郭某支付1360元购买野生动物世界"畅游365天"双人年卡，确定指纹识别入园方式。郭某与其妻子留存了姓名、身份证号码、电话号码等，并录入指纹、拍照。2019年7月、10月，野生动物世界两次向郭某发送短信，通知年卡入园识别系统更换事宜，要求激活人脸识别系统，否则将无法正常入园。郭某认为人脸信息属于高度敏感的个人隐私，不同意接受人脸识别，要求园方退卡。双方协商未果，2019年10月28日，郭某向杭州市富阳区人民法院提起诉讼。2019年11月3日，杭州市富阳区人民法院正式受理此案。此案在经过上诉后，终审判决如下：维持一审判决第一项第二项，即判决野生动物世界赔偿郭某合同利益损失及交通费共计1038元，判决生效10日内履行；删除郭某办理指纹年卡时提交的包括照片在内的面部特征信息。二审新增判决：删除指纹识别信息，判决生效10日内履行；驳回郭某的其他诉讼请求。

主持人：吴老师，您给我们解析一下本案？

吴老师：园方和郭某在办理年卡时在服务合同中约定了指纹识别的入园方式，园方单方面决定将入园方式更改为人脸识别，不符合合同约定，有违诚信原则。并且，指纹识别足以满足其人身验证的目的，事实上，人脸识别也违反了收集个人信息的"必要"原则，对此自然人享有选择权和同意权。鉴于此，园方应当为其违约行为承担继续履行、采取补救措施或者赔偿损失等责任，法院也因此支持了原告要求赔偿损失以及删除面部特征和指纹相关信息的诉讼请求。

主持人：吴老师，法院作出的删除郭某办卡时提交的照片等面部特征信息的判决，应该怎么理解？

吴老师：根据《民法典》第 1037 条的规定，自然人可以依法向信息处理者查阅或者复制其个人信息；发现信息有错误的，有权提出异议并请求及时采取更正等必要措施。自然人发现信息处理者违反法律、行政法规的规定或者双方的约定处理其个人信息的，有权请求信息处理者及时删除。野生动物世界采集郭某及其妻子的照片的行为不符合必要性原则的要求，故郭某可以主张要求野生动物世界删除办理年卡时提交的面部特征信息。

主持人：在当前社会，由于技术成熟、成本降低，“人脸识别”得到大面积的推广应用，比如“刷脸支付”“刷脸解锁”“刷脸出入”，“人脸识别”已经出现在我们生活的方方面面，越来越多的地方留下了我们“人脸”的“痕迹”。“人脸识别”在带来便利的同时，其背后存在的个人信息泄露、滥用等安全隐患也让很多人感到不安，《民法典》的出现就保护了我们的合法权益。

吴老师：没错，《民法典》的出台能更好地为个人信息的处理保驾护航。但作为个人信息主体的我们也应提高警惕，适时地拿起法律的武器捍卫自身的权益。

有问有答

问：传播疾控部门公开的传染病确诊患者流调信息，不涉及侵犯个人信息，不需要承担侵权责任，是否正确?

答：正确。首先，《民法典》规定，为维护公共利益或者该自然人合法权益，合理实施的处理个人信息的行为不承担民事责任，疾控部门对确诊患者信息的公布是十分慎重的，目的是及时向公众披露感染来源，做好防护，披露的信息不会带有具体指向性，并不会与特定自然人产生直接联系，能够充分保护患者的隐私。

其次，法律还规定，信息处理者应当合理处理自然人自行公开的或者其他已经合法公开的信息，但是该自然人明确拒绝或者处理该信息会侵害其重大利益的除外。

【法律依据】

《民法典》

第一千零三十四条第二款 个人信息是以电子或者其他方式记录的能够单独或者与其他信息结合识别特定自然人的各种信息，包括自然人的姓名、出生日期、身份证件号码、生物识别信息、住址、电话号码、电子邮箱、健康信息、行踪信息等。

第一千零三十五条 处理个人信息的，应当遵循合法、正当、必要原则……

第31讲

死者人格权益同样受保护

主持人：吴老师曾提到死者的人格权益也是受保护的，今天就来细说一下。根据《民法典》的相关规定：死者的姓名、肖像、名誉、荣誉、隐私、遗体等受到侵害的，其配偶、子女、父母有权依法请求行为人承担民事责任；死者没有配偶、子女且父母已经死亡的，其他近亲属有权依法请求行为人承担民事责任。吴老师，请您来给我们解读一下这个法条。

吴老师：好的。（1）死者的人格权益为死者的姓名、肖像、名誉、荣誉、隐私、遗体等。（2）当死者的人格权益受到侵犯时，其配偶、子女、父母有权提起诉讼。（3）其他近亲属也可以提起诉讼，但其顺位应该在配偶、子女、父母之后。《民法典》中规定，近亲属为：配偶、父母、子女、兄弟姐妹、祖父母、外祖父母、孙子女、外孙子女。

一"点"就通 ››› 以案释法

著名作家赵某去世多年后，其百度词条被用户"俏女佳人"编辑，将"著作"中的"歌剧剧本《红珊瑚》"删除，修改原因为"原文错误需要修改"。后该用户再次对案涉词条进行编辑，在"简介"末尾添加"赵某是大文贼"字句，修改原因为"赵某品行不好，应该揭露”。为此，赵某之子赵某航将百度公司告上法庭，认为用户“俏女佳人”侵犯了赵某的人格权益且认为百度公司未能提供“俏女佳人”的实名注册信息，未对该用户实施的侵权行为进行及时、有效的干预。

主持人：吴老师，这个案例您来分析一下？

吴老师：好的。用户“俏女佳人”通过编辑“赵某”词条，将原词条中的代表作品——歌剧剧本《红珊瑚》删除，会影响互联网用户真实、全面地了解赵某的生平及其代表作品，并无法形成对赵某的客观评价，一定程度上造成了赵某的社会评价降低的后果。赵某系我国老一辈文艺工作者，其生前创作了诸多文艺作品，尤其是歌剧《红珊瑚》，系新中国文艺作品中的精品，理应受到后人的尊敬。根据最高人民法院《关于确定民事侵权精神损害赔偿责任若干问题的解释》第3条的规定，“俏女佳人”在案涉词条中“简介”部分的末尾添加明显对赵某职业道德、人格加以侮辱、贬损的言论，严重损害了赵某的名誉。

《民法典》同时规定，网络用户利用网络服务实施侵权行为的，权利人有权通知网络服务提供者采取删除、屏蔽、断开链接等必要措施。未及时采取必要措施的，对损害的扩大部分与该网络用户承担连带责任。另外，2020年1月国家互联网信息办公室就《互联网信息服务管理办法（修订草案征求意见稿）》公开征求意见，进一步规范网络安全和网络秩序，并提出了具体的执法内容，特别明确了互联网信息服务提供者的相关义务，尤其是新增的第16条规定互联网信息服务提供者应当建立信息发布审核制度。百度公司对于词条合规管理的漏洞，存在很大的法律风险，法院也因此作出了让百度公司赔礼道歉、赔偿损失、消除影响的判决。本案值得各家互联网信息服务提供者引以为戒。

主持人：如果损害了他人的名誉，会有什么样的法律后果？

吴老师：名誉受到侵害的受害人有权要求侵权人承担民事责任，比如，停止侵害、排除妨碍、消除危险、消除影响、恢复名誉、赔礼道歉，还可以要求赔偿损失。如果情节较重或者情节恶劣，可以分别依照《治安管理处罚法》和《刑法》依法追究相应责任。

主持人：最近网上发生了几起侮辱英雄烈士的事件，不知道您关注了吗？

吴老师：关注了，法律不容挑战，英雄烈士不容亵渎。为了实现对英雄烈士名誉在民事领域的法律保护，《民法典》规定，侵害英雄烈士等的姓名、肖像、名誉、荣誉，损害社会公共利益的，应当承担民事责任。无数英雄烈士所彰显的革命精神和民族气节，已经成为中华民族共同的历史记忆和精神财富，用法治来保障英雄烈士名誉，有利于树立正确导向，更好地弘扬社会主义核心价值观，完善英雄烈士名誉保护的法律责任体系。

主持人：没错，谁也不能亵渎我们国家的英雄烈士，法律也保护了他们的人格权益。比如，《民法典》第185条规定：侵害英雄烈士等的姓名、肖像、名誉、荣誉，损害社会公共利益的，应当承担民事责任。《英雄烈士保护法》第22条第1、2款规定：禁止歪曲、丑化、亵渎、否定英雄烈士事迹和精神。英雄烈士的姓名、肖像、名誉、荣誉受法律保护。任何组织和个人不得在公共场所、互联网或者利用广播电视、电影、出版物等，以侮辱、诽谤或者其他方式侵害英雄烈士的姓名、肖像、名誉、荣誉。任何组织和个人不得将英雄烈士的姓名、肖像用于或者变相用于商标、商业广告，损害英雄烈士的名誉、荣誉。吴老师，您来解读一下吧。

吴老师：好的。（1）英雄烈士是两类人，即英雄和烈士。烈士是指根据一定规范和程序获得“烈士”称号的人。英雄特指已经牺牲的英雄。(2)“英雄烈士等”中的“等”应当是与英雄烈士具有相同社会意义的人，并不意味着法律只保护英雄烈士的人格利益。(3) 英雄烈士人格权益的保护范围为姓名、肖像、名誉、荣誉。

有问有答

问：当死者的名誉权受到侵犯时，其亲属有权依法请求行为人承担民事责任，这种说法是否正确?

答：这种说法不正确，正确说法应该是，其配偶、子女、父母有权依法请求行为人承担民事责任；死者没有配偶、子女且父母已经死亡的，其他近亲属有权依法请求行为人承担民事责任。这里的近亲属指的是配偶、父母、子女、兄弟姐妹、祖父母、外祖父母、孙子女、外孙子女。

【法律依据】

《民法典》

第九百九十四条　死者的姓名、肖像、名誉、荣誉、隐私、遗体等受到侵害的，其配偶、子女、父母有权依法请求行为人承担民事责任；死者没有配偶、子女且父母已经死亡的，其他近亲属有权依法请求行为人承担民事责任。

第32讲

器官捐献竟有“假”

主持人：器官捐献是生命的一种延续，如今越来越多的人意识到了器官捐献的意义，而《民法典》从捐赠人角度对器官捐献活动进行规范，顺应了社会观念的变化，有利于弘扬社会主义核心价值观，在一定程度上也有利于缓解目前器官捐献量和器官需求量之间的巨大矛盾。请吴老师给我们介绍一下，《民法典》对器官捐献活动是怎么规定的。

吴老师：好的。根据《民法典》的规定，完全民事行为能力人有权依法自主决定无偿捐献其人体细胞、人体组织、人体器官、遗体。任何组织或者个人不得强迫、欺骗、利诱其捐献。完全民事行为能力人同意捐献的，应当采用书面形式，也可以订立遗嘱。自然人生前未表示不同意捐献的，该自然人死亡后，其配偶、成年子女、父母可以共同决定捐献，决定捐献应当采用书面形式。禁止以任何形式买卖人体细胞、人体组织、人体器官、遗体。违反上述规定的买卖行为无效。

主持人：请您简单地给我们解析一下。

吴老师：好的。《民法典》对器官捐献的规定包括4个规则：（1）自愿原则。完全民事行为能力人有权依法自主决定无偿捐献其人体细胞、人体组织、人体器官、遗体。任何组织或者个人不得强迫、欺骗、利诱其捐献。（2）对于器官捐献规定了法定形式要件。完全民事行为能力人同意捐献的，应当采用书面形式，也可以订立遗嘱。《人体器官移植条例》第8条规定，捐献人体器官的公民应当具有完全民事行为能力。公民捐献其人体器官应当有书面形式的捐献意愿，对已经表示捐献其人体器官的意愿，有权予以撤销。（3）有关遗体捐献的规则。自然人生前未表示不同意捐献的，该自然人死亡后，其配偶、成年子女、父母可以共同决定捐献，决定捐献应当采用书面形式。（4）禁止买卖规则。禁止以任何形式买卖人体细胞、人体组织、人体器官、遗体，违反前述规定的买卖行为无效。

一“点”就通 ›››以案释法

最近，安徽某地53岁的李某因重伤入院，家属在被告知其脑死亡后决定放弃治疗，并在一份器官捐献登记表上签了名。随后，李某的肝肾器官被摘除，家属获得20万元“补助金”。但在李某的丈夫和女儿签名的《中国人体器官登记表》上，登记单位和编号均是空白，也未加盖印章。当地红十字会工作人员证实，李某的器官“捐献”并非通过正规途径，而“是医生的个人行为”。目前，涉案的6名医护人员已被逮捕。本案中6名医护人员给李某家人签订的《中国人体器官登记表》不具备完整的法定形式要件，涉嫌自行贩卖了李某捐献的器官。

主持人：器官捐献造假我还真是第一次听说，吴老师，这个案例请您给我们分析一下。

吴老师：本案中医生的行为违反了《民法典》关于人体器官捐献的规定。李某家属获得20万元“补助金”，明显违反了人体器官的无偿捐献原则，法律禁止以任何形式买卖人体细胞、人体组织、人体器官、遗体。另外，根据《人体器官移植条例》和有关规范，人体器官捐献有一套很严格的捐献申请、确认流程，其中就包括需要由人体器官捐献协调员和（或）红十字会工作人员见证捐献者直系亲属签署意见过程并在《中国人体器官捐献登记表》和《人体器官捐献知情同意书》上签字确认。李某家属签名的《中国人体器官登记表》上，登记单位和编号均是空白，也未加盖印章，明显不是一套完整合法的书面手续。

本案医生的行为首先侵犯了公民的人身权利和民主权利，同时明显冲击了公共秩序，具有相当的社会危害性，已经达到了刑事立案标准。《刑法》规定，违背本人生前意愿摘取其尸体器官，或者本人生前未表示同意，违反国家规定，违背其近亲属意愿摘取尸体器官的，依照《刑法》第302条的规定定罪处罚，即可能构成侮辱尸体罪这一罪名。另外，如果医生符合有组织地利用流程漏洞骗取家属“捐献”器官进行非法买卖的特性，也可能构成组织出卖人体器官罪。

主持人：作为医护人员，擅自买卖器官，不仅违法，还违背了道德伦理。关于器官捐献，您还接触过什么样的案例？

吴老师：我还了解过因为人体器官移植手术过程中的医疗事故而产生的医疗纠纷，根据《人体器官移植条例》，医务人员需要在术前说明器官摘取手术的风险、术后注意事项、可能发生的并发症及其预防措施等，并与活体器官捐献人签署知情同意书；应当对捐献人进行严格的医学检查，对风险进行评估，并采取措施降低风险，等等。具体案件中如果确有医疗行为导致了器官捐献人人身损害的后果，医疗机构或者其医务人员有过错的，医疗机构需要承担赔偿责任。

有问有答

问：自然人生前未表示不同意捐献的，该自然人死亡后，有权决定捐献的主体为其配偶、成年子女或者父母。这种说法是否正确？

答：这种说法是不正确的，遗体捐献的决定需要由多个主体共同作出，也就是由死者配偶、成年子女、父母共同决定，需要上述主体一致同意，另外，要注意决定捐献应当采用书面形式。

问：小杨有一个朋友因为一场车祸意外去世，但是他活着的时候就表示想把自己的部分器官捐赠出去，但是一直没有签订书面的协议，小杨的家人有权决定他的器官捐赠吗？

答：死者配偶、成年子女、父母可以共同决定捐献。《民法典》第1006条规定，完全民事行为能力人有权依法自主决定无偿捐献其人体细胞、人体组织、人体器官、遗体。任何组织或者个人不得强迫、欺骗、利诱其捐献。完全民事行为能力人依据前款规定同意捐献的，应当采用书面形式，也可以订立遗嘱。自然人生前未表示不同意捐献的，该自然人死亡后，其配偶、成年子女、父母可以共同决定捐献，决定捐献应当采用书面形式。

【法律依据】

《民法典》

第一千零六条　完全民事行为能力人有权依法自主决定无偿捐献其人体细胞、人体组织、人体器官、遗体。任何组织或者个人不得强迫、欺骗、利诱其捐献。

完全民事行为能力人依据前款规定同意捐献的，应当采用书面形式，也可以订立遗嘱。

自然人生前未表示不同意捐献的，该自然人死亡后，其配偶、成年子女、父母可以共同决定捐献，决定捐献应当采用书面形式。

第一千零七条　禁止以任何形式买卖人体细胞、人体组织、人体器官、遗体。

违反前款规定的买卖行为无效。

第五章

婚姻家庭编

第33讲

《民法典》中的“新婚姻法”

主持人：家是温馨的港湾，容纳漂泊的灵魂；家是如伞的大树，遮挡酷夏的骄阳；家是清凉的雨丝，拂去疲惫的征尘；家是永远的牵挂，珍藏幸福的源泉。婚姻家庭制度是规范夫妻关系和家庭关系的基本准则，关系到每个自然人和家家户户的利益，在《民法典》中占据十分重要的地位。《民法典》婚姻家庭编针对当前婚姻家庭领域的新情况、新问题，对有关婚姻家庭方面的规定作出了修改和完善，回应了时代需求与民众期盼，为塑造健康和睦的婚姻家庭关系提供了强大的法律保障。《民法典》婚姻家庭编首次将“家庭应当树立优良家风，弘扬家庭美德，重视家庭文明建设”写入法典。

吴老师：确实是这样的。按照我们《民法典》的总则编以及有关文件要求，要把社会主义核心价值观作为我们立法的重要依据。因此，在婚姻家庭这一编中，就围绕这方面提出了一些具体的要求。比如，家庭应当树立优良的家风，要弘扬家庭美德，重视家庭文明建设。另外，还提倡夫妻相互忠实，家庭成员之间敬老爱幼，相互帮助，建设和睦文明的婚姻家庭。

主持人：《民法典》婚姻家庭编以原《婚姻法》《收养法》为基础，吸收了这两部法的大部分内容，修改、删除了部分规定，同时增加了一些新规定。其中的亮点有哪些呢？

吴老师：这次的亮点有很多，更加体现了以民为本的理念。比如，在收养制度方面，法律的规定是14周岁以下的未成年人才可以被收养，《民法典》就扩大了收养的范围。再如，按照以前的规定，有一个孩子的人不能收养孩子，现在按照《民法典》的规定，有一个孩子的人，还可以收养一个孩子。《民法典》婚姻家庭编里也体现了对弱势群体的关心和爱护，对妇女、儿童、老年人、残疾人这4类人给予了特殊的保护。

主持人：亮点真的很多，并且新增了不少的内容。但是，在您说的这些新增内容中，"设立离婚冷静期制度"这一项引起了网友的热议，特别有意思的是，还有人觉得不应该设置"离婚冷静期"，应该设置"结婚冷静期"。

吴老师："离婚冷静期"也是我们《民法典》的一个创新，立法讨论的时候是有不同意见的。有一些人认为"离婚冷静期"不应该设立，既然双方已经要离婚了，再让他们冷静是没有必要的。一方在婚姻中受到了伤害，给他一个"离婚冷静期"，他可能会受到更大的伤害。最后，法律还是将"离婚冷静期"保留了下来，让我们更加理性地看待我们的婚姻。

主持人：有些人确实对婚姻和爱情过于冲动，容易做出不理智的决定。其实，在我们的生活中还有一种情况，就是两个人已经没有爱情了，一方想要结束这段婚姻，而另一方故意拖延，对此婚姻家庭编是怎么规定的呢？

吴老师：《民法典》第1079条规定，夫妻一方要求离婚的，可以由有关组织进行调解或者直接向人民法院提起离婚诉讼。如果对方故意拖延不愿意配合协议离婚，可以通过诉讼离婚的方式要求解除婚姻关系。

主持人：立法者在立法时也是考虑到了婚姻中可能出现的各种问题，当然，在婚姻中还有一个比较重要的问题就是关于财产和债务的问题。《民法典》婚姻家庭编新增夫妻债务“共债共签”条款，并且将“其他劳务报酬”“投资收益”作为夫妻共同财产的内容，您能给我们分别解释一下这两个新增的内容，以及夫妻共同财产、共同债务在划分上较之前有什么变化吗？

吴老师：“共债共签”就是夫妻双方为共同生活或者共同生产经营，由夫妻双方共同签字或者夫妻一方事后追认以及以其他共同意思表示形式所负的债务。这里有两个核心要素：一是债务要用于夫妻共同生活所必需，如果是夫妻一方在婚姻关系存续期间以个人名义超出家庭日常生活需要所负的债务，则不属于夫妻共同债务；二是债务的签订要基于夫妻共同意思表示，保障了另一方的知情权和同意权，有利于平等保护各方当事人的合法权益。

夫妻共同财产中的“其他劳务报酬”就是指那些新兴的职业，如网络主播、自媒体等所获收入。“投资收益”就是指通过股票、基金、理财产品等取得的收益。

有问有答

问：小王婚前有一套商铺，婚后出租给别人，每月租金有 1 万元，小王的妻子认为 1 万元的租金她也有份，小王觉得这是他的个人财产，小王想问一下他这样理解对吗？

答：小王的理解不对，房租属于共同财产。《民法典》第 1062 条规定，以个人财产投资取得的收益应当属于夫妻共同财产。房子虽然是小王婚前个人财产，但是其租金收益属于投资所得，应当为夫妻共同财产。

问："钱多多"因为一次交通事故受伤，他获赔70万元，他买的意外保险也给他理赔了30万元。"钱多多"现在准备跟妻子离婚了，妻子要求分割他的100万元，"钱多多"说这是他的个人财产不能分，"钱多多"说得对吗？

答：对。《民法典》第1063条规定，一方因受到人身损害获得的赔偿或者补偿属于一方的个人财产。所以，"钱多多"的100万元都是他自己的，他妻子没有权利分割。

【法律依据】

《民法典》

第一千零六十二条 夫妻在婚姻关系存续期间所得的下列财产，为夫妻的共同财产，归夫妻共同所有：

（一）工资、奖金、劳务报酬；

（二）生产、经营、投资的收益；

（三）知识产权的收益；

（四）继承或者受赠的财产，但是本法第一千零六十三条第三项规定的除外；

（五）其他应当归共同所有的财产。

夫妻对共同财产，有平等的处理权。

第一千零六十四条 夫妻双方共同签名或者夫妻一方事后追认等共同意思表示所负的债务，以及夫妻一方在婚姻关系存续期间以个人名义为家庭日常生活需要所负的债务，属于夫妻共同债务。

夫妻一方在婚姻关系存续期间以个人名义超出家庭日常生活需要所负的债务，不属于夫妻共同债务；但是，债权人能够证明该债务用于夫妻共同生活、共同生产经营或者基于夫妻双方共同意思表示的除外。

第一千零七十七条　自婚姻登记机关收到离婚登记申请之日起三十日内，任何一方不愿意离婚的，可以向婚姻登记机关撤回离婚登记申请。

前款规定期限届满后三十日内，双方应当亲自到婚姻登记机关申请发给离婚证；未申请的，视为撤回离婚登记申请。

第 34 讲

您知道怎么结婚吗

主持人：对于还没有进入婚姻生活的人来说，结婚究竟是怎样一个流程呢？大家可能觉得就是去民政局领取结婚证就可以了，但是其中还有很多需要提醒大家注意的事项。

吴老师：是的。按照《民法典》的规定，结婚的时候，男性不得低于 22 周岁，女性不得低于 20 周岁，这是对结婚年龄的要求，如果达不到这两个条件，婚姻无效。如果想去结婚，就需要双方带着自己的身份证、户口本到民政部门去登记。此外，结婚之前还需要我们对一些事情进行申明，比如说，对有无重大疾病、有无血缘关系这些事项进行申明。然后，由民政登记部门颁发结婚证。

主持人：看来结婚前的准备工作还真不少，除了吴老师您上面说的相关要求，还需要符合一些基本条件。比如，现在生活节奏加快，生活压力越来越大，很多年轻人觉得，一个人生活挺好的，为什么要结婚？小王今年 30 岁了，仍然没有找女朋友的想法，他父母经常催他，他却认为：国家都鼓励晚婚晚育，我这个做法合情合法。希望父母不要再催婚了。显然，小王这样的想法是抱着对原来《婚姻法》中相关规定的一种简单理解，这回《民法典》对涉及晚婚晚育的部分是否有所修改、删减？

吴老师：这一次的《民法典》已经将晚婚晚育删除了，《民法典》里将实行计划生育这一条也删除了。

主持人：我们可以理解父母的良苦用心，也希望孩子能早日成家，当然还不乏一些“强权”的家长，强行安排子女成婚，他们认为，自己的孩子自己说了算。现在我们都生活在崇尚恋爱、婚姻自由的时代，这样的想法也显然是不对的，那么，吴老师，这部分内容在《民法典》中是怎样规定的？

吴老师：结婚要男女双方自愿。结婚时，男女双方必须亲自到场，别人代替不了。禁止包办婚姻和买卖婚姻。封建社会肯定是存在这种情况的，在新时代，为了保护婚姻，《民法典》里明确地规定男女有结婚自由，有离婚自由。这也是我们婚姻自由的重要体现。

主持人：看来家长也要放平心态，父母应该多多和子女沟通、交流关于婚姻、爱情、家庭方面的问题，千万不要一意孤行。吴老师，我还有一个问题，《民法典》婚姻家庭编禁止结婚的情形中删除了患有医学上认为不应当结婚的疾病的规定。这个“患有医学上认为不应当结婚的疾病”都有哪些？

吴老师：这部分的疾病主要有三类：（1）传染性疾病。（2）遗传性的疾病。（3）严重的精神类疾病。《民法典》没有明确禁止患有这些疾病的人结婚，但是在结婚时必须如实告知对方。

主持人：这也是满足了一部分人对婚姻家庭的追求。吴老师，那这条规定会不会让有些人钻了空子，出现在结婚前隐瞒自己的病史的情况？

吴老师： 为规避这种情况，《民法典》第1053条规定，一方患有重大疾病的，应当在结婚登记前如实告知另一方；不如实告知的，另一方可以向人民法院请求撤销婚姻。请求撤销婚姻的，应当自知道或者应当知道撤销事由之日起1年内提出。

有问有答

问：小王和小赵结婚多年。最近，小王跟单位里新来的女大学生暧昧生情，他帮女大学生租了房子，隔三岔五就以出差和加班的名义过去住。小赵无意中发现小王的行为后，准备提起刑事自诉，告小王重婚罪。小赵的诉求能得到法院支持吗？

答： 不能。这种行为在实践中的确存在，但是不构成重婚罪。在这个案件里面，除非小王和女大学生要以夫妻的名义长期居住，才构成重婚罪。在这个案件中，小王的行为属于非法同居，和这个女大学生也没有办理结婚登记，只是偶尔地、临时地住在一起，不构成重婚罪，但是这种行为也是《民法典》所禁止的。

【法律依据】

《民法典》

第一千零四十一条 婚姻家庭受国家保护。

实行婚姻自由、一夫一妻、男女平等的婚姻制度。

保护妇女、未成年人、老年人、残疾人的合法权益。

第一千零四十二条 禁止包办、买卖婚姻和其他干涉婚姻自由的行为。禁止借婚姻索取财物。

禁止重婚。禁止有配偶者与他人同居。

禁止家庭暴力。禁止家庭成员间的虐待和遗弃。

第一千零四十六条　结婚应当男女双方完全自愿，禁止任何一方对另一方加以强迫，禁止任何组织或者个人加以干涉。

第一千零四十七条　结婚年龄，男不得早于二十二周岁，女不得早于二十周岁。

第35讲

不符合这些规定的，您的婚姻无效

主持人：古时候，男性与女性之间的婚姻并非像现在这样自由，他们讲究“父母之命，媒妁之言”。除了门当户对以外，古代的婚姻还有一个陋习，就是近亲结婚。在那个时代，人们并不知道近亲结婚到底有什么危害，他们觉得这是“亲上加亲”。但随着时代的发展，“近亲结婚”已被现行的法律所禁止，即便两人结婚也是无效的婚姻。

另外，未到法定年龄而结婚也是无效婚姻的一种情形。我听说过一个无效婚姻的真实案例，两个人因为爱情冲昏头脑，采取作假方式谎报年龄，没有到法定年龄就领取了结婚证，后来两个人拿着结婚证办理其他手续时，经过核查被发现，两人都还没有到结婚的年龄。吴老师，这种情形是不是我们所说的无效婚姻?

吴老师：是的，法律明确规定结婚年龄男不得早于22周岁，女不得早于20周岁，以谎报年龄的方式登记结婚，就可能导致婚姻无效，只能按照同居关系来处理。

主持人：除了上面我们说的这些无效婚姻以外，还有哪些行为会构成无效婚姻?

吴老师：重婚，以及您刚刚提到的近亲结婚。

主持人：我们知道婚姻是讲究自愿的，就是说双方一定也是愿意并知情的。如果出现一方被威胁或者被胁迫结婚，结婚证也是两人亲自去民政局领取的，那这样的婚姻可不可以说是无效婚姻？

吴老师：这种情况在法律上不属于无效婚姻，而属于可撤销的婚姻。受胁迫结婚的，违背了当事人的意志，按照《民法典》第 1054 条之规定，无效的或者被撤销的婚姻自始没有法律约束力，当事人不具有夫妻的权利和义务。

主持人：如果被胁迫结婚后，发现对方经常酗酒，到半夜才回家，有时候还会出手打人。对于这种情况，想问一下吴老师，在这个无效婚姻期间，受害的无过错方能不能得到相应的经济补偿？

吴老师：可以，婚姻无效或者被撤销的，无过错方有权请求损害赔偿。

有问有答

问：李小栓患有严重传染病，但一直对小美隐瞒，婚后小美发现该情况，小美应该怎么办？

答：在《民法典》之前，《婚姻法》规定，一方有严重疾病的，比如重大的精神疾病，可能会导致婚姻无效。《民法典》规定，只要对方知情，婚姻就是有效的。但是，在这个案件里，李小栓隐瞒了他患病的事实，小美就可以从她知道李小栓患病之日起一年内向人民法院请求撤销婚姻。同时，小美还可以要求李小栓对她进行损害赔偿。

【法律依据】

《民法典》

第一千零五十一条 有下列情形之一的，婚姻无效：

（一）重婚；

（二）有禁止结婚的亲属关系；

（三）未到法定婚龄。

第一千零四十九条 要求结婚的男女双方应当亲自到婚姻登记机关申请结婚登记。符合本法规定的，予以登记，发给结婚证。完成结婚登记，即确立婚姻关系。未办理结婚登记的，应当补办登记。

第一千零四十六条 结婚应当男女双方完全自愿，禁止任何一方对另一方加以强迫，禁止任何组织或者个人加以干涉。

第一千零五十四条 无效的或者被撤销的婚姻自始没有法律约束力，当事人不具有夫妻的权利和义务。同居期间所得的财产，由当事人协议处理；协议不成的，由人民法院根据照顾无过错方的原则判决。对重婚导致的无效婚姻的财产处理，不得侵害合法婚姻当事人的财产权益。当事人所生的子女，适用本法关于父母子女的规定。

婚姻无效或者被撤销的，无过错方有权请求损害赔偿。

第36讲

当婚姻亮起“红灯”，我们如何从容应对

主持人：有人曾说：爱情是艺术，结婚是技术，离婚是算术。结婚的人，就不要轻言离婚，而一旦离婚，就别期望回头。爱情或婚姻，当你拥有的时候，一定要珍惜。而当真正失去的时候，也要学会及时地放手。《民法典》的婚姻家庭编是你婚姻中的行为准则。面对亮起“红灯”的婚姻，我们也要理性地面对。

都说结婚证能保证婚姻的法律效力，但是不能保证婚姻的质量。这话说得一点儿也没错。一段婚姻刚开始都是美好的，经历过柴米油盐的琐事之后，才暴露出婚姻生活的本质，面对生活中的一地鸡毛，有些夫妻会开始思考和质疑，眼前的这个人是不是真正能和自己相伴到老的人？

吴老师：确实是这样，生活中难免会有摩擦，尤其是在争吵时很容易在冲动之下提出离婚。也是基于这样一种情况，《民法典》确立了“离婚冷静期”制度，如此有利于缓和夫妻矛盾，挽救一部分婚姻。

主持人：刚才您说的“离婚冷静期”对有离婚念头或者冲动离婚的人来说很有必要。但是，生活中还有很多失败的婚姻，比如，一方有家暴行为，这样的情况，就没有必要冷静了吧，因

为这个“冷静期”很可能会给另一方造成更严重的伤害。

吴老师：是这样的，“离婚冷静期”主要适用于协议离婚的情况，而如果出现家暴或婚内出轨等导致感情确已破裂的情形，通过法院起诉离婚不受“冷静期”约束。如经人民法院判决不准离婚后，双方又分居满一年，一方再次提起离婚诉讼的，应当准予离婚。

主持人：其实，对于已经没有情感的两个人来说，还要生活在一个屋檐下，对两个人也都是煎熬。往往这个时候，孩子很可能会成为两个人分开的阻碍，现实中也不乏有些孩子会用很多种方法来阻挠自己父母离婚或再婚，这个心情我们也是理解的，但是每个人来到这个世界上都有权利选择自己想要的生活，婚姻的开始和结束也是双方自愿的选择，作为父母，我们要和孩子多沟通，跟孩子说明，虽然婚姻结束了，但是父母对孩子的爱不会减少。如果孩子已经成年了，也要和他们多做沟通。对于孩子，在面对父母离婚时，要给他们多一些空间，懂得去理解和接纳他们。面对这样的问题，在《民法典》的婚姻家庭编有没有相关的规定呢？

吴老师：是的。根据《民法典》的相关规定，子女应当尊重父母的婚姻权利，不得干涉父母离婚、再婚以及婚后的生活。子女对父母的赡养义务不因父母的婚姻关系变化而终止。

主持人：双方离婚后，子女和父母的关系并没有结束，所以孩子也不需要过分焦虑和担心，就像吴老师说的，享受父母关爱的同时，也同样需要履行相应的赡养义务。

有问有答

问：小丽与丈夫认识不久后，丈夫就向她求婚，当时她觉得双方相处时间太短，就回绝了。结果丈夫把她骗回农村老家，以不结婚就自杀为由胁迫小丽与他登记结婚。小丽在胁迫之下只能极不情愿地与丈夫登记结婚。现在结婚两年了，小丽想问，她还能向法院请求撤销婚姻吗？

答：《婚姻法》规定，受胁迫的一方撤销婚姻的请求，应当自结婚登记之日起1年内提出。此次《民法典》婚姻家庭编将时间的起算点修改为“应当自胁迫行为终止之日起一年内提出”。小丽被丈夫长期控制在其位于农村的家中，一直处于受胁迫状态，如果以结婚登记之日起算，势必不利于保护小丽的合法权利，故以胁迫行为终止之日作为起算时间，更为合理，也更有利于维护受害一方的权益。

问：小滑与恋爱多年的女友步入婚姻殿堂后不久，新婚妻子就向他提出了离婚，理由是，小滑平时玩游戏时间比较长，对她的关心和爱护变少了。其实小滑对她的爱并没有变，是她多疑了，小滑现在应该怎么办？

答：为了维护家庭稳定，减少轻率离婚、冲动离婚现象，《民法典》设置了“离婚冷静期”制度，规定如下：自婚姻登记机关收到离婚登记申请之日起30日内，任何一方不愿意离婚的，可以向婚姻登记机关撤回离婚登记申请。前款规定期间届满后30日内，双方应当亲自到婚姻登记机关申请发放离婚证；未申请的，视为撤回离婚登记申请。值得注意的是，“离婚冷静期”制度只适用于婚姻登记机关受理协议离婚的情形，并未规定法院诉讼离婚亦须适用“离婚冷静期”制度。“离婚冷静期”制度，可以有效避免夫妻间冲动离婚、轻率离婚，有利于引导当事人理性对待婚姻，谨慎行使权利，同时对保护家庭关系、维护家庭稳定也起到了重要的缓冲作用。所以，小滑应该充分利用“离婚冷静期”制度，和妻子多加沟通，利用这30天的时间挽回婚姻。

【法律依据】

《民法典》

第一千零六十九条 子女应当尊重父母的婚姻权利，不得干涉父母离婚、再婚以及婚后的生活。子女对父母的赡养义务，不因父母的婚姻关系变化而终止。

第一千零七十七条 自婚姻登记机关收到离婚登记申请之日起三十日内，任何一方不愿意离婚的，可以向婚姻登记机关撤回离婚登记申请。

前款规定期限届满后三十日内，双方应当亲自到婚姻登记机关申请发给离婚证；未申请的，视为撤回离婚登记申请。

第37讲

离婚协议不成，过错方“埋单”

主持人：在传统的家庭分工中，一般是一方主外另一方主内，从事家庭劳务一方洗衣做饭、照顾孩子、照料老人，但因为这些工作缺少技术含量，所以会造成缺乏价值认同感的问题。也不乏有些人经常说“在外面多辛苦，你在家做做饭洗洗碗有什么了不起”，但不得不说，这些工作对一个家庭的稳定和谐起举足轻重的作用。不管是家庭主妇还是家庭主夫，长期与社会脱节，也更容易成为弱势方。这些人离婚后需要面临的问题更多，所以，在《民法典》婚姻家庭编中有没有相关规定，专门对这样的人群有相对合理的法律保障？

吴老师：在《民法典》婚姻家庭编里强调了对妇女、未成年人、老人和残疾人这四类人的照顾，这也是我们中华民族传统美德的体现。那么，作为夫妻中的一方，照顾子女和老人就会影响其参与社会活动，会导致其在离婚时处于弱势地位。《民法典》规定，这些为家庭付出较多的人，有权请求补偿，另一方也应当给予补偿。

主持人：吴老师，您刚才说的这些问题，在离婚的过程中比较常见，但是很多人也并不能理智地面对自己失败的婚姻，以至于发生纠纷，如果出现纠纷造成协议离婚不成，应该怎么去解决呢?

吴老师： 我们需要理性看待问题，离婚过程中，财产分割是不可避免的。人民法院会根据具体的情况对财产进行分割进而作出判决。

主持人： 另外，婚姻中出现“赌博、吸毒等恶习屡教不改”的情形，或一方犯罪导致离婚的情形，过错方是不是要对另一方进行相应的经济补偿，也就是我们刚开始所说的，是不是需要给自己的错误埋单，这个“单”又要怎么埋呢?

吴老师： 这个情况是需要埋单的。每个人都要对自己的过错承担责任。比如，在婚姻中，我们无过错方对于对方是重婚的，与他人同居的，实施家庭暴力等其他重大过错的情形，分割财产时对方就要相对地少分或者不分。因为《民法典》规定无过错方有权请求赔偿，这种情况下，承担责任符合民法上的公平原则。

有问有答

问：王某与赵某婚后约定，各自收入归个人所有。后赵某下岗，自此居家照料女儿及王某的日常生活。不久后，王某提出离婚，赵某方得知王某与张某已同居多年。赵某可否向法院主张相关赔偿事宜?

答： 王某与赵某结婚后，虽然双方约定婚后各自收入归个人所有，但赵某下岗后，照料女儿及王某生活，付出较多义务，有权获得补偿。王某作为有配偶者与张某同居，属于导致离婚中的过错方，在离婚时应当对赵某进行损害赔偿。

【法律依据】

《民法典》

第一千零八十七条　离婚时，夫妻的共同财产由双方协议处理；协议不成的，由人民法院根据财产的具体情况，按照照顾子女、女方和无过错方权益的原则判决。

对夫或者妻在家庭土地承包经营中享有的权益等，应当依法予以保护。①

第一千零八十八条　夫妻一方因抚育子女、照料老年人、协助另一方工作等负担较多义务的，离婚时有权向另一方请求补偿，另一方应当给予补偿。具体办法由双方协议，协议不成的，由人民法院判决。

第一千零九十一条　有下列情形之一，导致离婚的，无过错方有权请求损害赔偿：

（一）重婚；

（二）与他人同居；

（三）实施家庭暴力；

（四）虐待、遗弃家庭成员；

（五）有其他重大过错。

---

① 此外新增加了离婚财产处理中对无过错方的照顾原则。

第 38 讲

离婚后，孩子归爸爸还是妈妈，谁说了算

主持人：一段婚姻结束后，对于夫妻双方来说，除了财产、债务上的纠纷，另一个争议焦点就是孩子的抚养权问题了。《民法典》明确规定，不满 2 周岁的孩子，以母亲直接抚养为原则，这条我觉得特别值得一提，很人性化，它对母亲和孩子是一种保护，而在以前，离婚后的子女尤其是幼儿是没有明确规定是由谁来抚养的。

吴老师：是的，《民法典》从有利于孩子成长的原则考量，对年龄段进行了划分，2 周岁以下尚处于哺育期，和母亲一起生活更有利于孩子的成长。此前的《婚姻法》里只规定，离婚后，哺乳期内的子女，以由哺乳的母亲抚养为原则，这次立法直接明确了以母亲直接抚养为原则，明显有利于保护幼儿，符合儿童利益最大化的保护原则。除非母亲放弃抚养权，或者不具备抚养能力。

主持人：刚才我们所说的是子女不满 2 周岁这样的情况，当子女已经超过 2 周岁，关于孩子的抚养权，法院又是怎么判决的呢？

吴老师：已满 2 周岁的子女，父母双方对抚养问题协议不成

的，由人民法院根据双方的具体情况，按照最有利于未成年子女的原则判决。人民法院应当根据双方的经济实力、工作情况、居住状况等进行综合考虑。子女已满 8 周岁的，应当尊重其真实意愿。因为孩子在 8 周岁以后已经具有一定的认知能力了，法院在判决时也要尊重孩子的意愿。

主持人：一方获得抚养权后，另一方也要承担相应的抚养费，《婚姻法》中具体列举出抚养费涵盖的范围是“生活费和教育费的一部分或全部”，而在《民法典》的婚姻家庭编中把具体的内容删除了，换句话说就是没有具体规定。有网友认为，这样做会不会对承担抚养费的一方少了一些法律约束力？另一些网友认为，没有具体规定也是想让夫妻双方视具体的经济情况来协商解决，毕竟就算离婚了，孩子也都是双方的亲骨肉，父母在经济条件允许的情况下都应为孩子提供尽可能好的生活保障。

吴老师：不对抚养费的内容进行具体列举恰恰扩大了抚养费支付的范围。现在大家越来越重视对孩子的教育和培养，会产生各种各样的支出，以概括条款来规定抚养费，更有利于当事人主张权利和法院作出裁判。

有问有答

问：齐某与高某协议离婚，并约定 4 周岁的儿子小齐由齐某进行抚养，另口头约定高某按其能力给付抚养费并可以随时探望儿子。离婚 3 年后，小齐得了重病需要一笔巨款医治，此时小齐可否以自己的名义请求高某支付额外的医疗费用？

答：最高人民法院《关于适用〈中华人民共和国民法典〉

婚姻家庭编的解释（一）》第49条第1款规定，抚养费的数额，可以根据子女的实际需要、父母双方的负担能力和当地的实际生活水平确定；第42条规定，《民法典》第1067条所称“抚养费”，包括子女生活费、教育费、医疗费等费用。小齐身患重病时尚且为未成年子女，因重病所支出的医疗款项属于抚养费范畴，有权以自己的名义向高某请求支付该笔费用。

【法律依据】

《民法典》

第一千零八十四条 父母与子女间的关系，不因父母离婚而消除。离婚后，子女无论由父或者母直接抚养，仍是父母双方的子女。

离婚后，父母对于子女仍有抚养、教育、保护的权利和义务。

离婚后，不满两周岁的子女，以由母亲直接抚养为原则。已满两周岁的子女，父母双方对抚养问题协议不成的，由人民法院根据双方的具体情况，按照最有利于未成年子女的原则判决。子女已满八周岁的，应当尊重其真实意愿。

第一千零八十五条 离婚后，子女由一方直接抚养的，另一方应当负担部分或者全部抚养费。负担费用的多少和期限的长短，由双方协议；协议不成的，由人民法院判决。

前款规定的协议或者判决，不妨碍子女在必要时向父母任何一方提出超过协议或者判决原定数额的合理要求。

第 39 讲

想要收养个孩子，这事儿难不难

主持人：“不能选择出生，但可以选择生活。”这句话，可以用作每一个被收养孩子的生命注解。选择合适的收养家庭，给孩子一个家，“收养评估”服务成为关键的一环。

“收养评估”是《民法典》第 1105 条新增加的一个内容，“收养评估”需要什么样的人或者机构来做？需要从哪些方面进行评估？

吴老师：收养评估在《民法典》中有明确规定：县级以上人民政府民政部门进行收养评估，办理收养登记。收养评估的功能主要是衡量收养人是否有收养能力。从有无不利于被收养人健康成长的犯罪记录，有无抚养、教育的能力以及收养人本身是否符合收养年龄等方面的条件进行评估。

主持人：除了您说的这个规定之外，《民法典》还提到无配偶者收养异性子女的，收养人与被收养人的年龄差问题，这条规定明确了异性收养年龄差距必须在 40 周岁以上，这也是对收养子女的一种保护，想问一下吴老师，在《民法典》中有没有对收养孩子的具体年龄有所规定呢？

吴老师：有规定。坚持儿童利益最大化原则是保护未成年人最基本的原则。在收养关系方面，也体现了对儿童利益的保护。

在收养过程中，我们过去主要规制的是收养14周岁以下的未成年人的行为，而在《民法典》中的规定是未成年人。另外，收养8周岁以上的未成年人要征求其本人同意。

主持人：前段时间有一个养父性侵养女的事件，引起了网友们的广泛关注，多家媒体也都有相关的报道。当然，这件事情也引发了一些社会思考，我们应该如何避免类似的事件发生？有没有相关的法律规定来保障被收养人的合法权益？

吴老师：有的。比如，对收养人的条件要求，以及对收养人的品行等方面要做全面评估。过去可能对这方面的管理比较松，未进行评估和登记。尤其是在偏远的农村地区，这种情况很多。如果在收养以后，存在一些不利于未成年人成长的情况，可以选择解除收养关系。

有问有答

问：小张和老公结婚20年了，一直没有要孩子，现在他们两个人想要收养一个孩子，请问需要符合什么条件才可以收养一个孩子？

答：《民法典》规定：收养人应当同时具备下列条件：（1）无子女或者只有一名子女；（2）有抚养、教育和保护被收养人的能力；（3）未患有在医学上认为不应当收养子女的疾病；（4）无不利于被收养人健康成长的违法犯罪记录；（5）年满30周岁。

问：小于的一个亲戚家收养了一个孩子，收养至今4年了，当初也没有签订收养协议，是不是需要补一个？

答：根据《民法典》的规定，收养关系当事人愿意签订收养协议的，可以签订收养协议。因此，在双方自愿的情况下，可以签订收养协议，也可以不签订收养协议，法律没有强制性规定。

【法律依据】

《民法典》

第一千零九十三条　下列未成年人，可以被收养：

（一）丧失父母的孤儿；

（二）查找不到生父母的未成年人；

（三）生父母有特殊困难无力抚养的子女。

第一千零九十八条　收养人应当同时具备下列条件：

（一）无子女或者只有一名子女；

（二）有抚养、教育和保护被收养人的能力；

（三）未患有在医学上认为不应当收养子女的疾病；

（四）无不利于被收养人健康成长的违法犯罪记录；

（五）年满三十周岁。

第一千一百零二条　无配偶者收养异性子女的，收养人与被收养人的年龄应当相差四十周岁以上。

第一千一百零四条　收养人收养与送养人送养，应当双方自愿。收养八周岁以上未成年人的，应当征得被收养人的同意。

第一千一百零五条　收养应当向县级以上人民政府民政部门登记。收养关系自登记之日起成立。

收养查找不到生父母的未成年人的，办理登记的民政部门应当在登记前予以公告。

收养关系当事人愿意签订收养协议的，可以签订收养协议。

收养关系当事人各方或者一方要求办理收养公证的，应当办理收养公证。

县级以上人民政府民政部门应当依法进行收养评估。

第一千一百条 无子女的收养人可以收养两名子女；有子女的收养人只能收养一名子女。

收养孤儿、残疾未成年人或者儿童福利机构抚养的查找不到生父母的未成年人，可以不受前款和本法第一千零九十八条第一项规定的限制。

第 40 讲

“亲子关系断绝书”有法律效力吗

主持人：在电影、电视和一些文学作品中我们经常看到“立字据断绝父子关系”之类的内容，在现实生活中，立字据真的能成为断绝亲子关系的依据吗？

吴老师，说到这个亲子关系，我们有个案例。小王和他父亲吵架，当时小王一时冲动说断绝父子关系，然后小王就写了断绝关系书，父子二人也都签字了。小王事后十分懊悔，怕真的失去父亲。他这个手写的“断绝关系书”到底有没有法律效力？

吴老师：当然没有法律效力。父子关系也好，父女关系也好，不是说断就断的，是需要法律确认的。比如，对亲子关系有异议，且有正当理由的，成年子女才可以提出断绝亲子关系。像小王一冲动，与父亲断绝父子关系，是不具有法律效力的。

主持人：看来是虚惊一场，估计小王也是后悔了。不过，说到这里想问一下吴老师，如果想要真正断绝亲子关系需要符合什么样的条件？

吴老师：法律上对断绝亲子关系的要求很严格。一般情况下，对亲子关系有异议且有正当理由的，应当由父亲或者母亲一方向人民法院提起诉讼，请求确认或者否认亲子关系。比如，一方长期在外务工，结果两三年没有回家或者是在非正常的情况下经过医学检查不具备生育能力，女方在此情况下生了孩子。虽然说未经过亲子鉴定，但很可能就是不存在亲子关系，这个情况下就可以向人民法院提起诉讼，确认或者否认亲子关系。这个程序就要求你的理由必须很正当。

主持人：生活中还有一些例子，就是孩子成年了，有义务赡养自己的老父亲、老母亲，这个时候突然提出断绝亲子关系。这很明显是逃避责任的行为，《民法典》中有没有对这种行为的相关规定？

吴老师：这种极端的案件也有。在个别情况下，父母对孩子很是溺爱，但孩子长大以后不想赡养父母，就以各种理由来搪塞，否认这个亲子关系。这在法律上是严格禁止的，除非孩子以正当理由向人民法院提起诉讼，否则人民法院不会支持孩子的请求。

有问有答

问：刘某和丈夫张某与次子张某利因家庭琐事产生矛盾，多次发生激烈争吵，最后在邻居的见证下，签订了“断绝父子关系”的协议。签订协议的当日，张某利便离开了家在外务工，此后再未尽赡养义务。2021 年年初，张某因病住院，在医院里动了两次手术，住院数次，生活无法自理。其间，张某利的哥哥张某山多次请张某利回家尽赡养义务。但张某利均以协议为由，拒绝尽赡养义务。2021 年 8 月，刘某在料理完丈夫后事后，一纸诉状将张某利起诉至法院，要求其支付赡养费 20,000 元及相应的医药费。张某利是否有义务承担相应的责任？

答：自然血亲关系不能通过法律手段解除，人为排除子女对父母赡养义务的协议有违公序良俗和法律的强制性规定，损害了老年人合法权益，属于无效的民事行为，不具有法律约束力，作为子女仍需承担赡养父母的义务。因此，本案中张某利应当向母亲支付赡养费及医药费。

【法律依据】

《民法典》

第八条　民事主体从事民事活动，不得违反法律，不得违背公序良俗。

第二十六条　父母对未成年子女负有扶养、教育和保护的义务。成年子女对父母负有赡养、扶助和保护的义务。

第一千零七十三条　对亲子关系有异议且有正当理由的，父或者母可以向人民法院提起诉讼，请求确认或者否认亲子关系。

对亲子关系有异议且有正当理由的，成年子女可以向人民法院提起诉讼，请求确认亲子关系。

第41讲

我老婆就爱“买买买”，我该怎么办

主持人：在我们生活中，喜欢购买奢侈品的人不在少数，如果是在合理的消费范围之内都没有问题，但是靠透支信用卡来购买奢侈品的情况真的很不理智。这样的后果就是，很容易形成提前大额透支，每月背负欠款，在下月又要为自己的不理智埋单，长此以往形成不理智消费的恶性循环。

吴老师：是这样的。提倡勤俭节约是我们中华民族的优秀美德，还有一些家庭故事里面都赞扬节俭精神。

主持人：前一段时间的热播剧《三十而已》中，顾佳花光积蓄买包，这可能是我们现实生活中一些人的缩影。在物质需求日益增长的当下，一个家庭想要长期稳定发展，夫妻二人保持合理健康的消费观是非常重要的。

吴老师：是的，通常情况下必要的家庭日常消费，主要包括正常的衣食消费、日用品购买、子女教育、老人赡养等各项费用，是维系一个家庭正常生活所必需的开支。如果一个家庭的年收入为6万元，但配偶单方贷款购置了一台上百万元的跑车，并非家庭日常生活需要，那么这种债务就不属于夫妻共同债务；此外，一方因赌博、吸毒等违法活动所负债务也不属于共同债务。

主持人：说到“夫妻共同债务”问题，此次在《民法典》

中，明确了夫妻共同债务的范围，规定界定夫妻共同债务需要“共债共签”，防止“被负债”的情形，对夫妻共同债务范围的认定更加严格，并合理配置了举证责任，这也较好地保护了婚姻当事人的合法财产权益。

吴老师：“共债共签”原则明确和强调了夫妻双方共同签字或者夫妻一方事后追认以及以其他共同意思表示形式所负的债务，属于夫妻共同债务。这一规定意在引导债权人在形成债务尤其是大额债务时，为避免事后出现不必要的纷争，加强事前风险防范，尽可能要求夫妻共同签字。这种制度安排，一方面，有利于保障夫妻另一方的知情权和同意权，可以有效避免债权人因事后无法举证证明债务属于夫妻共同债务而遭受不必要的损失；另一方面，对于保障交易安全以及婚姻当事人合法权益也具有积极意义。实践中，很多商业银行在办理贷款业务时，对已婚者一般都要求夫妻双方共同到场签字。一方的确有特殊原因无法亲自到场的，也必须提交经过公证的授权委托书，否则不予贷款，这种操作方式最大限度地降低了债务不能清偿的风险，保障了债权人的合法权益，也不会对婚姻当事人的权益造成损害。“共债共签”原则实现了婚姻法夫妻财产共有制和合同法合同相对性原则的有机衔接。

有问有答

问：黄某与唐某婚后，以个人名义在婚姻存续期间向刘某借款 10 万元用于购买婚房。后刘某向黄某追偿未果，又向唐某主张还钱。唐某说，谁借的谁还，我不管。唐某这么说在法律上成立吗？

答：《民法典》第 1064 条规定：夫妻双方共同签名或者夫妻

一方事后追认等共同意思表示所负的债务，以及夫妻一方在婚姻关系存续期间以个人名义为家庭日常生活需要所负的债务，属于夫妻共同债务。夫妻一方在婚姻关系存续期间以个人名义超出家庭日常生活需要所负的债务，不属于夫妻共同债务；但是，债权人能够证明该债务用于夫妻共同生活、共同生产经营或者基于夫妻双方共同意思表示的除外。本案中，黄某与唐某婚姻存续期间，虽以个人名义向刘某借款，但该笔款项实际用于夫妻共同生活，实为家庭日常生活所负的债务，属于夫妻共同债务。因此，唐某的说法在法律上不成立。

问：小李妻子花钱大手大脚，经常给自己买名牌包、手表和珠宝，还时不时把家里的钱转给她的弟弟，小李觉得自己赚钱的速度远远赶不上妻子花钱的速度，于是提出要分割共同财产，但是小李的妻子却说："又不离婚，分什么财产?"小李这个请求能实现吗?

答：可以。根据《民法典》第1066条的规定，在婚姻关系存续期间，如果夫妻一方有隐藏、转移、变卖、毁损、挥霍夫妻共同财产或者伪造夫妻共同债务等严重损害夫妻共同财产利益的行为，一方可以请求法院分割共同财产。因此，小李完全可以在不离婚的情况下要求分割夫妻共同财产。

【法律依据】

《民法典》

第一千零六十四条　夫妻双方共同签名或者夫妻一方事后追认等共同意思表示所负的债务，以及夫妻一方在婚姻关系存续期间以个人名义为家庭日常生活需要所负的债务，属于夫妻共同债务。

夫妻一方在婚姻关系存续期间以个人名义超出家庭日常生活需要所负的债务，不属于夫妻共同债务；但是，债权人能够证明该债务用于夫妻共同生活、共同生产经营或者基于夫妻双方共同意思表示的除外。

第六章

继承编

第 42 讲

出嫁的女儿不能继承父母的遗产吗

主持人：在继承法律制度方面，《民法典》有很多亮点内容。吴老师，请为我们简单介绍一下。

吴老师：好的。《民法典》继承编中有几项与我们生活最紧密相关，也是大家最为关注的修改内容：

首先，删除了此前《继承法》对公民 7 种遗产的列举，直接采用“合法财产”一词来概括遗产范围，这就把我们近年来新出现的虚拟财产，如年轻人最关注的游戏账号等包含在内了，这也是根据经济社会的发展情况所做的考虑，为今后虚拟货币或者其他形式的财产保护留出立法空间。

其次，增加了被继承人对继承人的宽恕制度。对于继承人有遗弃或虐待被继承人、伪造、篡改、隐匿或者销毁遗嘱等行为，情节严重的，如果确有悔改表现，被继承人表示宽恕或者事后在遗嘱中将其列为继承人的，该继承人不丧失继承权。

再次，扩大了代位继承人的范围，如果第二顺位的兄弟姐妹先于被继承人死亡的，由其兄弟姐妹的子女代位继承，也就是侄子、侄女、外甥、外甥女。

最后，在法定遗嘱形式上，《民法典》在《继承法》规定的自书遗嘱、代书遗嘱、公证遗嘱、录音遗嘱的基础上，还增加了打印遗嘱、录像遗嘱两种法定遗嘱形式。在遗嘱的执行上，增加了遗嘱信托和遗产管理人制度，这都是为了使遗产能得到公正、合理、有效的分割和使用。

主持人：在有些地方，重男轻女、男尊女卑的封建思想仍然存在，在司法实务中，很多人认为女儿没有父母遗产的继承权，只有儿子才有继承权，也就是说，出嫁的女儿不能继承父母的遗产。真是这样的吗？

吴老师：不是的。《民法典》明确规定，子女对父母的遗产享有平等的继承权。也就是说，对于父母的遗产，无论是儿子还是女儿，也无论已婚或是未婚，在继承父母的遗产时享有平等的权利。

一“点”就通 ▸▸▸ 以案释法

原告刘氏三姐妹诉称：其与被告刘某建、刘某国是同胞兄妹关系。双方父母去世后，留下了一套住宅。2014 年 9 月 14 日，该住宅被依法征收并予以补偿，折迁补偿金额为 50 余万元（其中被继承人付某枝的房屋及其附属物补偿费共有 9 万余元），该费用由被告刘某建、刘某国共同领取。

原告认为，该拆迁房屋是父母留下的遗产，根据《继承法》的规定，该补偿款应当由子女共同分割。但被告领取后，一直未进行分割。为此，原告多次找到被告协商未果，从而诉至法院。

刘氏三姐妹向法院提出诉讼请求：要求二被告支付三原告每人各应分得的补偿款 1 万余元。被告刘某国辩称：原告将母亲送回来时，母亲的医药费、安葬费原告均没有负责。按照农村的风俗，三原告是嫁出去的女儿，均不能继承遗产。

主持人：吴老师，请您从《民法典》的角度给我们解析一下这个案例。

吴老师：好的。本案中原告三姐妹和被告两兄弟均为遗产的第一顺序继承人，且《民法典》明确规定继承权男女平等。尊重妇女、保障妇女合法权益也是我国主流价值观之一，已经成为全社会共同的价值追求，有坚实的制度保障。被告称出嫁女儿不能继承遗产，不符合社会公序良俗，且违反国家法律，不作为法律适用的考虑因素，因此原告有权分得补偿款。此外，在遗产继承份额方面被告也提出了辩解意见，对此《民法典》有相关的法律规定：对被继承人尽了主要扶养义务或者与被继承人共同生活的继承人，分配遗产时，可以多分。有扶养能力和有扶养条件的继承人，不尽扶养义务的，分配遗产时，应当不分或者少分。在具体案件中，考虑到有关证据支持，可以进行采纳。

主持人：《民法典》是怎么规定继承顺序的呢？

吴老师：遗产继承分为第一顺序和第二顺序。

第一顺序为：配偶、子女、父母；

第二顺序为：兄弟姐妹、祖父母、外祖父母。

继承开始后，由第一顺序继承人继承，第二顺序继承人不继承；没有第一顺序继承人继承的，再由第二顺序继承人继承。同一个继承顺序中的继承没有先后顺序之分，都享有平等的继承权利。

有问有答

问：小杨的父亲杨某云刚去世不久，杨某云生前有过两段婚姻关系。小杨的母亲在其 10 岁时因病去世。后来，父亲与继母刘阿姨再婚，继母刘阿姨带了一个 10 岁的女儿小雨。之后大家共同生活了好多年，继母刘阿姨前几年也去世了。对于父亲杨某云遗留的房子，小雨有继承权吗？

答：杨某云再婚时，继女小雨未成年，双方形成了扶养关系，小雨享有继承权，法律对其权利应当予以保护。

【法律依据】

《民法典》

第一千一百二十六条 继承权男女平等。

第一千一百二十七条 遗产按照下列顺序继承：

（一）第一顺序：配偶、子女、父母；

（二）第二顺序：兄弟姐妹、祖父母、外祖父母。

继承开始后，由第一顺序继承人继承，第二顺序继承人不继承；没有第一顺序继承人继承的，由第二顺序继承人继承。

本编所称子女，包括婚生子女、非婚生子女、养子女和有扶养关系的继子女。

本编所称父母，包括生父母、养父母和有扶养关系的继父母。

本编所称兄弟姐妹，包括同父母的兄弟姐妹、同父异母或者同母异父的兄弟姐妹、养兄弟姐妹、有扶养关系的继兄弟姐妹。

第43讲

代位继承，让亲情纽带更加牢固

主持人：随着社会的不断发展，“倒金字塔”家庭结构变得常见，与此同时，个人财产无人继承的现象时有发生。吴老师，作为资深的律师，您一定遇到过很多这样的事情吧？

吴老师：是的。例如，当被继承人没有立下遗嘱，且无配偶和子女等法定继承人，或者法定继承人丧失继承权时，依照之前的法律规定，无人继承的遗产便会归国家或者集体所有。这种处理方式，无疑是制度上的无奈选择，而且未必符合逝者的内心意愿。为了进一步保护个人财产，避免出现遗产无人继承的情况，《民法典》扩大了继承权的范围，以代位继承的方式使侄子、侄女、外甥、外甥女等能够获得继承人资格，尽力妥善分配逝者遗产，让继承制度更符合百姓需求。

主持人：扩大继承权范围是《民法典》的又一亮点，请您具体给我们介绍一下。

吴老师：先前《继承法》只规定了作为第一顺序继承人的子女的直系晚辈血亲有代位继承的权利，《民法典》在此基础上又增加了兄弟姐妹代位继承制度。这一修改聚焦了我国目前凸显的老龄化和生育问题，它可以在一定程度上解决养老难题，实现“老有所养”。“家风好，就能家道兴盛，和顺美满。”《民法典》作为民族精神、时代精神的立法表达，其意在通过这种财产的内部流转，引导民事主体自觉践行社会主义核心价值观，重视亲情交流，在全社会都能形成一种孝老爱亲、家庭和睦的氛围。

一“点”就通 ▸▸▸ 以案释法

张甲和张乙是两兄妹，都是孤儿，张甲年轻时感情受伤，一直没有结婚，也未收养子女，一直和张乙一家一起生活。张甲将外甥女小张视如己出，小张一直悉心照顾舅舅张甲。后来张乙因病去世，张甲悲痛，第二年也撒手人寰。小张向法院主张继承舅舅张甲的遗产。

主持人：吴老师，根据我国法律规定，小张是否能够继承舅舅张甲的遗产呢？

吴老师：由于张甲生前未订立遗嘱，所以本案按照法律规定适用法定继承。继承开始后，由第一顺序继承人即配偶、子女、父母继承，第二顺序继承人不继承；没有第一顺序继承人继承的，由第二顺序继承人即兄弟姐妹、祖父母、外祖父母继承。在本案中，张甲无第一顺序继承人，而在第二顺序继承人中，其唯一的妹妹张乙也先于张甲去世。因此，该类案件属于“无法定继承人案件”。

主持人：那遗产要归国家或者集体所有吗？

吴老师：《民法典》对上述案例涉及的问题有一条规定：被继承人的兄弟姐妹先于被继承人死亡的，由被继承人的兄弟姐妹的子女代位继承。

这里就涉及《民法典》中的代位继承制度。之前的《继承法》对代位继承是这样规定的：被继承人的子女先于被继承人死亡的，由被继承人的子女的晚辈直系血亲代位继承。但在这个案例中，小张不是张甲的晚辈直系血亲，如果按照以前的《继承法》小张是不能代位继承张甲的遗产的。由于近年来没有直系亲属来继承财产的情况越来越多，立法者考虑到这样的现实问题，在《民法典》中作出了新的规定，即在被继承人没有第一顺位、第二顺位继承人也没有晚辈直系血亲代位继承的情况下，可以由被继承人兄弟姐妹的子女继承，这一规定不仅解决了被继承人财产无人继承的问题，也从一定程度上缓解了孤寡老人无人养老送终的社会问题。扩大继承权范围是本次《民法典》颇受好评的亮点之一。

主持人：说到继承，我们往往想到的是财产，但据我了解，可以继承的不只是财产，对吗，吴老师？

吴老师：没错。继承的不仅包括遗产，还包括债务，债务包括依法应当缴纳的税款和债务，如欠缴的个人所得税和未偿还贷款。当然，这里的债务不是无限的，而是以继承的遗产之实际价值为上限，如果放弃继承遗产的，也就同时放弃了债务的继承，无须再承担被继承人的债务。

主持人：处理好“身后事”是每个临终者的愿望。随着社会的发展，人们在遗产处理上有了更多选择。继承，不仅是对财富的传承，更是对被继承人临终前最后意志的承继。此次《民法典》在继承制度上维持了之前合理的规定，同时也顺应时代需求作出了改变，既体现了对每个人的临终关怀，也有利于明确财产权利，维护和谐的家庭关系。

有问有答

问：老人生前遗嘱里有关于遗产分配的安排，是否还能发生代位继承？

答：不能，代位继承只适用于法定继承，也就是说，在满足下列条件从而进入法定继承的环节时，才能出现代位继承：（1）被继承人无遗嘱；（2）虽有遗嘱但遗嘱继承人或受遗赠人放弃、丧失权利；（3）遗嘱继承人或受遗赠人先死亡；（4）遗嘱并未对遗产进行有效处分。

问：甲和乙是父子，在同一场意外中去世，无法确定具体死亡时间，且都没有立下遗嘱，乙的子女能代位继承爷爷甲的遗产吗？

答：相互有继承关系的数人在同一事件中死亡，难以确定死亡时间，都有其他继承人，辈分不同的，推定长辈先死亡。而代位继承只能发生在被继承人的子女先于被继承人死亡或被宣告死亡的情况下。因此答案是否定的。

【法律依据】

《民法典》

第一千一百二十八条第二款、第三款 被继承人的兄弟姐妹先于被继承人死亡的，由被继承人的兄弟姐妹的子女代位继承。

代位继承人一般只能继承被代位继承人有权继承的遗产份额。

第 44 讲

城镇户口的子女可以继承农村宅基地吗

主持人：有一处院子是很多人的梦想，当听到可以继承农村宅基地时，很多人迫不及待地去办理相关手续，但是其中有的朋友却失望而归。其实，自然资源部对于这个问题也明确说明："根据《民法典》规定，被继承人的房屋作为其遗产由继承人继承，按照房地一体原则，继承人继承取得房屋所有权和宅基地使用权，农村宅基地不能被单独继承。"吴老师，请您给我们解释一下。

吴老师：根据我国《民法典》和土地管理制度的有关规定，农村宅基地的所有权归属于农村集体经济组织，农民只享有宅基地的使用权和地上附着物的所有权。《民法典》也指出了遗产是自然人死亡时遗留的个人合法财产，但是依照法律规定或者根据其性质不得继承的除外。由此可见，农村宅基地属于一种特殊的物权，它本身不属于公民个人所有，是不能被单独继承的，但是宅基地使用权和地上的房屋可依据相关法律规定予以合法继承。

一"点"就通 ››› 以案释法

王老伯为某村村民，在村里有宅基地一处，地上有北房三间。王老伯有一好友李某（城镇户籍），常到村里看望王老伯，并对王老伯在乡间的田园生活表示十分向往。多年后，王老伯订立遗嘱，在其去世后将其在村里的宅院和北房三间赠与李某。

主持人：吴老师，李某可否依据遗赠继承宅基地上的房屋和宅基地使用权？

吴老师：根据《民法典》的相关规定：自然人可以立遗嘱将个人财产赠与国家、集体或者法定继承人以外的组织、个人。此条规定了遗赠制度。简单说，遗赠就是被继承人采用订立遗嘱的方式，将其个人合法财产于死后赠送给法定继承人以外的人。所谓法定继承人的范围是指《民法典》第1127条第1、2款规定所列的继承人，这两款的规定为："遗产按照下列顺序继承：（一）第一顺序：配偶、子女、父母；（二）第二顺序：兄弟姐妹、祖父母、外祖父母。继承开始后，由第一顺序继承人继承，第二顺序继承人不继承；没有第一顺序继承人继承的，由第二顺序继承人继承。"

但是，宅基地作为一种特殊的用益物权，主要是为了给农民提供基本的生活资料，保障农民生活，促进农业农村和城乡统筹发展。因此，宅基地上房屋的继承，一来由于其强烈的人身依附性，只是对基于亲缘关系的宅基地上房屋流转的特殊认可，并不意味着其适用范围可以无限扩大，也不意味着没有亲缘身份关系的人也可以通过遗赠形式合法取得宅基地上的房屋。二来为了避免农村房地资源的流失，不具有本村集体组织成员身份的非亲缘关系人，不得通过遗赠的方式取得农村房屋的所有权和宅基地使用权。

主持人：继承农村宅基地需要满足哪些条件呢？

吴老师：首先，城镇户籍子女继承宅基地使用权的前提是

"地上有房"，继承房屋所有权后，再按照相关规定办理使用权确权登记；其次，多子女的，部分子女仍与父母为同一农户家庭，且未另行分得新宅基地，城镇户籍子女不得主张继承宅基地使用权；最后，农村宅基地上的房屋不适用遗赠。

有问有答

问：常年在外导致宅基地闲置超过两年，能否继承？

答：根据《确定土地所有权和使用权的若干规定》，空闲或房屋坍塌、拆除 2 年以上未恢复使用的宅基地，不确定土地使用权。已经确定使用权的，由集体报经县级人民政府批准，注销其土地登记，土地由集体收回。因此，常年在外导致宅基地闲置超过两年不再发生继承。

【法律依据】

《民法典》

第一千一百三十三条第三款　自然人可以立遗嘱将个人财产赠与国家、集体或者法定继承人以外的组织、个人。

第45讲

随母改嫁的子女，有代位继承权吗

主持人：代位继承作为《民法典》的一大亮点，受到了很多人的关注，吴老师，代位继承的特征有哪些？

吴老师：代位继承主要有以下特征：（1）被代位人只限于先于被继承人死亡的子女、兄弟姐妹；（2）代位继承人只限于被代位人的晚辈直系血亲和兄弟姐妹的子女；（3）代位继承人参加继承，一般只能继承被代位人应继承的遗产份额；（4）先于被继承人死亡的子女、兄弟姐妹，具有丧失继承权的条件，其晚辈直系血亲、兄弟姐妹的子女不得代位继承；（5）代位继承只适用于法定继承，不适用于遗嘱继承。

一“点”就通 ››› 以案释法

王某甲与王某乙是叔侄关系。被继承人李某某婚生王某甲、王某乙的父亲等五名子女。王某乙的父亲先于被继承人李某某死亡，王某乙的母亲带王某乙改嫁。王某乙的母亲虽然带子改嫁，但在被继承人李某某在世时，经常来往，关心照顾其生活，过年过节还去探望送食品。被继承人李某某死亡时，王某乙拿出一部分钱，与王某甲共同料理丧事。被继承人遗留80多平方米房产，由王某甲等居住。

被继承人李某某死亡后，王某甲等人就王某乙是否具有代位继承权产生争议。王某甲等人认为王某乙的父亲对被继承人未尽赡养义务，王某乙是晚辈血亲，无权继承被继承人的遗产。一审、二审法院均认为：王某乙的父亲虽然先于被继承人死亡，但在生前对被继承人尽到了赡养义务，应当享有继承权利。王某乙作为其父的晚辈直系血亲，按照我国有关法律规定，有权代位继承其父应得的遗产份额。

主持人：这个代位继承案例有点复杂，案例中的王某乙父亲早逝，他随母改嫁，王某乙是否可以继承其爷爷的遗产呢？吴老师，请您给我们分析一下这个判决结果。

吴老师：根据《民法典》的规定，被继承人的子女先于被继承人死亡的，由被继承人的子女的直系晚辈血亲代位继承。被继承人的兄弟姐妹先于被继承人死亡的，由被继承人的兄弟姐妹的子女代位继承。虽然《民法典》中没有规定孙子女、外孙子女的法定继承人地位，但是也通过代位继承制度保护孙子女、外孙子女的继承权。

此案属于代位继承纠纷，主要争议在于王某乙的母亲带其改嫁后，王某乙是否还享有对其生父的代位继承权？根据法律规定，继承权的取得需满足两个条件，一是被继承人死亡，二是继承人未丧失继承权。本案中，王某乙的父亲在生前对被继承人李某某履行了赡养义务，且没有出现法律规定的丧失继承权的情形。并且，王某乙的父亲死亡后，王某乙的母亲虽然带子改嫁，但在被继承人李某某在世时，仍经常来往，并关心照顾其生活，过年过节还去探望送食品。李某某死亡时，王某乙也参与了后事的料理。这些都是在继续替王某乙的父亲履行赡养义务。法院据此认定了王某乙的父亲依法享有继承权，从而也明确了王某乙虽然随母改嫁，但并不影响其对其生父的代位继承权，有权继承其生父应继承的李某某遗产相应份额。

在法律上，子女与父母的亲子关系是由血缘决定的，与父母的婚姻无关。不论子女的父母是否离婚或再婚，子女都是自己父母的第一顺位继承人，在父母没有留下遗嘱的前提下，都有权继承其遗产。此案中，虽然王某乙在其生父去世后随母亲改嫁，但是王某乙与其生父之间的血缘关系没有改变。从法院判决书认定的事实看，被继承人李某某没有遗嘱，工某乙的生父与李某某的其他子女一样，都是第一顺位继承人。

主持人：被代位人若存在丧失继承权的情形，是否必然不发生代位继承？

吴老师：对这个问题，最高人民法院《关于适用〈中华人民共和国民法典〉继承编的解释（一）》是有规定的：继承人丧失继承权的，其晚辈直系血亲不得代位继承。如该代位继承人缺乏劳动能力又没有生活来源，或对被继承人尽赡养义务较多的，可以适当分给遗产。这就是一个例外情况，可以结合具体情况来考虑。

有问有答

问：甲从小被过继给养父母抚养，后来养父母相继去世，没有立下遗嘱，养父母的亲生子女认为甲和他们没有血缘关系，不是一家人，请问甲有没有继承权？

答：《民法典》继承编规定的第一顺序继承人中的子女，包括婚生子女、非婚生子女、养子女和有扶养关系的继子女。虽然养父母没有立下遗嘱，但是按照法定继承的相关规定，甲依法享有继承权。

【法律依据】

《民法典》

第一千一百二十八条　被继承人的子女先于被继承人死亡的，由被继承人的子女的直系晚辈血亲代位继承。

被继承人的兄弟姐妹先于被继承人死亡的，由被继承人的兄弟姐妹的子女代位继承。

第 46 讲

侄子、外甥女也能代位继承吗

主持人： 扩大法定继承人范围是《民法典》的一大亮点内容，您之前就提到《民法典》将法定继承人的范围扩大到了侄子、外甥。

吴老师： 没错，为了使财产更多地流转在血亲家族中，而非收归国家，《民法典》将代位继承的适用范围扩大至被继承人的兄弟姐妹先于被继承人死亡的情形，使被继承人的侄、甥获得第二顺位法定继承人资格，突破了原先晚辈直系血亲的限制。

一“点”就通 ›››以案释法

李老先生未婚无子女，于 2019 年因病不幸去世，遗留房屋一套，李老先生生前没有立遗嘱，也没有与任何人签订遗赠扶养协议。李老先生是家中的小儿子，有一个姐姐、一个哥哥，其父母和兄姐都先于他去世。李老先生去世后不久，姐姐家的独子小明（化名）、哥哥家的独女小花（化名）商量继承李老先生遗留的房屋，但因双方无法达成一致意见，小明遂将小花起诉至法院，要求分割李老先生遗留的房屋。

主持人： 吴老师，这个案例您给分析一下。

吴老师：根据《民法典》的相关规定，被继承人的兄弟姐妹先于被继承人死亡的，由被继承人的兄弟姐妹的子女代位继承。该规定能够让财产尽可能地由直系亲属继承而避免其成为无主财产，保障代位继承人对财富传承的合法期待。但要注意的是，本案涉及《民法典》的溯及适用及其例外情形。

法的溯及力是指法对它生效前所发生的事件和行为能否适用的问题。最高人民法院《关于适用〈中华人民共和国民法典〉时间效力的若干规定》（以下简称《若干规定》）第2条规定："民法典施行前的法律事实引起的民事纠纷案件，当时的法律、司法解释有规定，适用当时的法律、司法解释的规定，但是适用民法典的规定更有利于保护民事主体合法权益，更有利于维护社会和经济秩序，更有利于弘扬社会主义核心价值观的除外。"

因此，如果被继承人在《民法典》施行之前死亡，根据法不溯及既往的规则，其遗产继承原则上不适用《民法典》，即被继承人的兄弟姐妹的子女不享有代位继承权。但是，根据《若干规定》第14条，被继承人在《民法典》施行前死亡，遗产无人继承又无人受遗赠，其兄弟姐妹的子女请求代位继承的，适用《民法典》第1128条第2款和第3款的规定，但是遗产已经在《民法典》施行前处理完毕的除外。李老先生于2019年去世，去世时间在《民法典》施行以前，原则上其遗产继承不能适用《民法典》，即其外甥和侄女不享有代位继承权。但是，由于其没有第一顺序继承人（配偶、父母、子女），也没有第二顺序继承人（兄弟姐妹、祖父母和外祖父母）继承遗产，属于遗产无人继承又无人受遗赠的情形，李老先生的遗产继承属于上述所称的例外情形，即其外甥和侄女可以继承李老先生的遗产。除非遗产已经处理完毕的，否则不会因为《民法典》的实施发生改变。《民法典》对遗产继承的有关规定，既彰显了《民法典》的制度价值，又不违背当事人基于原有法律形成的合理预期。

主持人：吴老师，这种无遗嘱的情况好像还挺常见的吧？

吴老师：是的。比如，无继承人的孤寡老人、被继承人意外离世、有些老人出于传统观念或认为立遗嘱会造成家庭纠纷而不愿意立，也有一些老人立下遗嘱却因为不符合法律规定从而不产生效力，都是现在遗嘱不普及的原因。

主持人：上次我们提到《民法典》给遗嘱增设了新形式，这个有没有具体的要求？

吴老师：是的，在法定遗嘱形式上，《民法典》在《继承法》规定的自书遗嘱、代书遗嘱、公证遗嘱、录音遗嘱的基础上，还增加了打印遗嘱、录像遗嘱两种法定遗嘱形式。其中，除了自书遗嘱以外，其他遗嘱形式都需要有两个以上的见证人在场，见证人必须是具有民事行为能力的人，并且不能是继承人、受遗赠人、与继承人和受遗赠人有利害关系的人。遗嘱人、代书人、见证人应当签名，注明年、月、日。录音遗嘱中，遗嘱人和见证人应当在录音录像中记录其姓名或者肖像，以及年、月、日。另外，遗嘱人在危急情况下，可以立口头遗嘱。危急情况消除后，遗嘱人能够以书面或者录音录像形式立遗嘱的，所立的口头遗嘱无效。公证遗嘱则由遗嘱人经公证机构办理。

有问有答

问：甲先生与乙女士婚后无子女，2018 年甲先生死亡，2019 年乙女士死亡，二人均未留有遗嘱。另外，乙女士有一个妹妹丙已于 2018 年死亡，丙有一个儿子叫小王。请问，小王是否享有继承权？

答：代位继承的适用条件主要有以下几点：（1）代位继承仅存在于法定继承中，遗嘱继承中不存在代位继承的情况；（2）只有当被代位继承人先于被继承人死亡时，才能发生代位继承；（3）被代位继承人本身必须为被继承人的法定继承人；（4）代位继承人一般只能继承被代位继承人有权继承的遗产份额，也就是说，孙子女、外孙子女或者侄子女、外甥子女只能继承其父母有权继承的遗产份额。除了上述条件外，侄子女、外甥子女的代位继承还有一个特殊的条件，就是只有在叔、伯、姑、姨没有第一顺位法定继承人的情况下，他们才能继承叔、伯、姑、姨的遗产。因此，在本案中，在乙女士无父母、配偶、子女的情况下，小王享有代位继承的权利。本案中，小王的情况符合上述四个条件，可以依法享有继承权。

【法律依据】

《民法典》

第一千一百二十八条第二款　被继承人的兄弟姐妹先于被继承人死亡的，由被继承人的兄弟姐妹的子女代位继承。

第 47 讲

游戏装备、Q 币等新型财产也可以继承吗

主持人：互联网时代，网络账号已经成为我们生活中密不可分的一部分，但如果有一天人不在了，留下来的微信、QQ 等账号能不能继承？长期不使用会被如何处理？答案就在《民法典》中。吴老师，请您给我们讲讲《民法典》是怎么规定的。

吴老师：好的。根据《民法典》的规定，只要是个人的合法财产就可以继承，虚拟财产也算，但根据其性质不能继承的除外。也就是说，社交账户上的资金余额，如转入的资金、充值，属于用户的私人财产，可依据法律的规定予以继承。但对于社交账户、密码等数字信息，具有人身性质，属于个人信息，就不能继承。

主持人：那就是说，如果我想要被继承人的账号和密码留念，也是不可以的了？

吴老师：是的。比如我们常用的微信、QQ 这类账号，如果长期不登陆，就有可能被其公司收回。

主持人：截至 2020 年 6 月，中华遗嘱库中涉及虚拟财产的遗嘱共有 364 份，在 2021 年开通的“微信遗嘱”幸福留言中，共有 3601 件留言涉及虚拟财产，占总数的 12.18%，妥善处置生前的虚拟财产已成为当代网民的迫切需求。我感觉虚拟财产继承

还存在一些难点，作为专业律师，吴老师，您怎么看？

吴老师：目前，《民法典》仅明确了虚拟财产的民事权利客体地位和财产属性，并对其可继承性作出了原则性规定，但由于计算机和网络技术的日新月异，而且其表现形态也在不断变化，不仅包括网络游戏账户及其装备等，还包括社交账号、网店及其名下的有形资产和无形资产、虚拟货币等互联网金融投资，未来还会不断涌现新的模式。不同类型的虚拟财产的内在运作方式和功能上呈现不同的价值，导致司法实践中难以简单按物权、债权和知识产权等权利的继承方式进行处理。

一“点”就通 以案释法

陆某（男）迷恋网络游戏，与杨某在游戏里结为“夫妻”。在两人的默契配合下，陆某得到了某网络游戏中的顶级装备“金刀”。后陆某因突发心脏病去世，陆某的妻子李某准备将“金刀”变卖以补贴家用，却遭到杨某的抗议。法院审理后认为，陆某作为网络游戏玩家，为这把“金刀”付出了体力及脑力的劳动，还支付了上网费用以及游戏充值卡等费用，有玩家愿出资5万元购买这把“金刀”。所以，该装备具有财产的属性，可以被陆某的妻子李某所继承。但因该装备是陆某与杨某共同努力获得的，其所有权应归两人共同所有。李某作为陆某的唯一合法继承人，只能继承该游戏装备中陆某的份额。

主持人：吴老师，您给我们分析一下这个案例，虚拟游戏里的“妻子”和现实中的妻子可以共同继承吗？

吴老师：首先，游戏里的“妻子”肯定是没有继承权利的，因为他们所谓的夫妻关系是不受法律认可的。其次，我们可以看到，“金刀”虽然是游戏里的装备，但却具有经济价值和可支配性，是法律意义上的“物”，属于个人合法财产。从案例来看，这把“金刀”是陆某和游戏中的“妻子”杨某共同努力获得的，杨某可以行使物权请求权，要求按份额享有其所有权，而陆某现实中的妻子李某只能继承陆某享有所有权的那部分份额。

主持人：进入互联网时代，互联网与现实世界的联系愈加紧密，虚拟财产的范围也在逐渐扩大，占社会财富的比例已越来越高，随之而来的虚拟财产继承问题也日益显现出来。进一步明确遗产范围成为现行法律不得不攻克的一个难题。吴老师，您怎么看待《民法典》扩大遗产范围这一亮点内容？

吴老师：《民法典》删除此前《继承法》对遗产种类的列举，以“合法的财产”一言概之，扩大了遗产的范围，这是立足经济社会发展的长远考虑，为今后虚拟货币或者其他形式的财产的继承留出立法空间。虚拟财产也是公民的合法财产，不能将其排除出法律保护的范畴，法治的保护也要与时俱进。既然公民的合法财产的范围已经囊括了网络虚拟财产，虚拟财产就不能成为“法外之财”。为虚拟财产筑好“法律保护墙”，才能让虚拟财产成为公民看得见也摸得着并能踏实拥有的合法财产，虚拟财产才能真正让拥有者“落袋为安”。

有问有答

问：个人社交账号是否可以全部继承？

答：对电子货币等具有现实财产价值的数据，继承人当然可以继承。但《民法典》规定，依照法律规定或者根据其性质不得继承的遗产，不得继承。这里的“根据其性质”，主要是指与人身有关的专属性权利，如聊天记录、购买记录，因为属于个人隐私，就排除在可继承范围之外。

【法律依据】

《民法典》

第一千一百二十二条　遗产是自然人死亡时遗留的个人合法财产。

依照法律规定或者根据其性质不得继承的遗产，不得继承。

第 48 讲

丧偶儿媳、丧偶女婿有继承权吗

主持人：遗产继承是困扰不少家庭的大问题，如何继承遗产关系到家庭和睦与否。最近我们也收到不少朋友提出的疑问，比如“胎儿有继承权吗”“丧偶的儿媳可以继承公婆遗产吗”，这些问题《民法典》里都有答案。

吴老师：是的。第一个问题我之前其实已经解答了，胎儿也是有继承权的，《民法典》对此有明确规定：涉及遗产继承、接受赠与等胎儿利益保护的，胎儿视为具有民事权利能力。但是，胎儿娩出时为死体的，其民事权利能力自始不存在。遗产分割时，应当保留胎儿的继承份额。胎儿出生时是死体的，保留的份额按照法定继承办理。

第二个问题，根据《民法典》第 1129 条，丧偶儿媳对公婆，丧偶女婿对岳父母，尽了主要赡养义务的，作为第一顺序继承人，可以继承公婆的遗产。

一“点”就通 ››› 以案释法

小兰的丈夫去世后，小兰一人担起照顾一家老小的重任。对待老人，她任劳任怨，一直照顾公婆直至他们去世。

主持人：吴老师，小兰赡养早逝伴侣的父母，是否能继承老人的遗产？

吴老师： 小兰是可以继承老人遗产的。根据《民法典》的相关规定，丧偶儿媳对公婆，丧偶女婿对岳父母，尽了主要赡养义务的，作为第一顺序继承人。本条是关于丧偶儿媳和丧偶女婿对公婆、岳父母继承权的特殊规定。

法定继承是以继承人与被继承人之间的血缘关系和婚姻关系为前提和依据的。儿媳与公婆、女婿与岳父母之间没有血缘关系，两者属于姻亲关系。从婚姻家庭法律关系上讲，他们之间并无扶养、赡养的权利和义务，一般情况下，彼此之间不发生法定继承关系，即无论丧偶与否都不能使儿媳、女婿成为公婆或岳父母遗产的法定继承人。但根据我国现阶段的国情，大多数家庭的老人还需要子女或其他亲属提供家庭供养，居家养老在一段时间内仍然是我国养老的主要方式。现实生活中，有些儿媳或女婿不仅与其配偶共同赡养公婆或岳父母，而且在丧偶以后甚至再婚以后仍然继续赡养、照料公婆或岳父母。我国高度重视扶养关系在继承中的作用。

《民法典》继承编沿用《继承法》的规定，尽了赡养义务的丧偶儿媳和丧偶女婿可作为第一顺序继承人，把他们列入法定继承人的范围之中，这是根据我国国情作出的规定。一方面，从法律所蕴含的道德价值来看，这一规定有助于弘扬中华民族尊老爱幼的优良传统，鼓励人们积极履行赡养老人的义务，促进家庭和睦兴旺、团结互助。另一方面，有助于充分发挥家庭的社会职能，缓解社会压力和社保负担，同时也是权利和义务相一致原则的体现。《民法典》赋予对公婆或岳父母尽了主要赡养义务的丧偶儿媳或丧偶女婿法定继承人的地位，不仅保护了老人的利益，又使对老人承担主要赡养义务的丧偶儿媳或丧偶女婿得到了应得的一份遗产。

主持人：这个赡养义务如何来界定呢？是不是也有明确的规定？

吴老师：是的。在确认丧偶儿媳和丧偶女婿对公婆和岳父母遗产的继承权时，应明确如下几个问题：（1）丧偶儿媳和丧偶女婿应对公婆、岳父母尽了主要赡养义务，才能作为第一顺序继承人，继承公婆或岳父母的遗产。（2）丧偶儿媳和丧偶女婿对其公婆、岳父母遗产的继承权，具有独立行使的性质。其可以作为第一顺序法定继承人直接、独立地参加继承，既不受其子女是否代位继承的限制，也不影响其子女的代位继承权。（3）丧偶儿媳和丧偶女婿对公婆、岳父母遗产的继承权，同他们再婚与否没有关系。丧偶儿媳和丧偶女婿是否再婚，是他们自己的人身权利，对是否继承公婆、岳父母的遗产不产生影响。只要丧偶儿媳和丧偶女婿对其公婆、岳父母尽了主要赡养义务，就应依法享有继承权。实际生活中那种以丧偶儿媳和丧偶女婿再婚为理由而否认、排斥他们继承公婆、岳父母遗产的做法是不受法律认可的。即便再婚后没有同老人在一起生活，但对公婆或岳父母尽主要赡养义务的，也应作为第一顺序继承人继承遗产。（4）丧偶儿媳和丧偶女婿依法继承了其公婆、岳父母的遗产后，仍有权继承其父母之遗产。儿媳、女婿与公婆、岳父母发生的姻亲关系，并没有终止他们与其父母间原有亲子关系的法律效力，儿媳、女婿与其父母之间仍然保留父母子女间的权利和义务。

需要强调的是，扶养关系必须与姻亲关系相结合，才能成为获得继承权的根据。至于不具备姻亲关系而对被继承人扶养较多的人，只能享有遗产酌给请求权。

主持人：如何认定“尽了主要赡养义务”呢？

吴老师：比如，为老人提供经济帮助，老人主要依靠其提供的经济条件生活；为老人提供日常生活帮助，如共同生活，经常照料，为老人做饭、打扫卫生，在老人生病时送医院进行护理等。另外，这些帮助必须具有长期性、经常性。如果只是偶尔给几次钱、做几回饭、看望几次、提供有限的劳务帮助等，只能视为对老人有过帮助，不能视为尽了主要赡养义务，不能由此取得第一顺序继承人资格。

有问有答

问：甲和乙离婚后，甲因车祸去世，女方乙离婚前便与婆婆关系很好，由于甲是家中独子，甲的母亲无人照顾，乙便开始悉心照顾婆婆，后来婆婆因突发疾病离世，乙对婆婆的财产有没有继承权？

答：《民法典》规定的法定继承第一顺序是配偶、子女、父母，但是，在甲去世之前，甲、乙两人就已经离婚，因此，乙对婆婆不再享有继承权。但是，在《民法典》中有遗产酌给请求权这一制度，即继承人以外的对被继承人扶养较多的人，可以分给适当的遗产。如果乙为婆婆提供了主要的经济生活条件，经常进行照顾，虽然没有法定继承权，仍然可以分得一定的遗产。

【法律依据】

《民法典》

第一千一百二十九条 丧偶儿媳对公婆，丧偶女婿对岳父母，尽了主要赡养义务的，作为第一顺序继承人。

第 49 讲

出现这些情况，继承权可能会丧失

主持人：随着我国社会“老龄化”问题日益凸显，《民法典》继承编在扩大遗产范围、增加遗嘱形式的同时，也为“老有所依”“老有所养”提供了更多选择。今天我们继续学习继承编。相较于《继承法》，《民法典》对继承权的丧失进行了规定，明确了继承权的丧失情形。请吴老师给我们讲解一下。

吴老师：《民法典》列举了五种丧失继承权的行为，分为绝对丧失和相对丧失。继承权的绝对丧失，是指因为发生某种法定事由，该继承人绝对不得享有继承权。继承权的相对丧失，则是指因发生某种法定事由导致继承人的继承权丧失，但在具备一定条件时也可不丧失。

故意杀害被继承人的，或者为争夺遗产而杀害其他继承人的，就属于绝对丧失的情形。

以下情况则属于相对丧失：遗弃被继承人，或者虐待被继承人，情节严重的；伪造、篡改、隐匿或者销毁遗嘱，情节严重的；以欺诈、胁迫手段迫使或者妨碍被继承人设立、变更或者撤回遗嘱，情节严重的。如果继承人确有悔改表现，被继承人表示宽恕或者事后在遗嘱中将其列为继承人的，该继承人不丧失继承权。

主持人：丧失继承权和放弃继承权是两码事吗？

吴老师：是的。虽然两者的法律后果都是丧失继承资格，但是，两者还有很大区别：

在性质上，放弃继承，表明继承人是自愿放弃，该行为出自继承人自身内心意思的真实表示；而丧失继承权，是继承人经人民法院认定并作出判决而被剥夺继承权，这种被剥夺是依法强制实施的，是不以继承人的意志为转移的。

在时间上，放弃继承权必须在继承开始之后遗产处理之前，丧失继承权则可以发生在继承开始之后也可以发生在继承开始之前。

在形式上，放弃继承权需要以书面形式作出放弃继承的意思表示，丧失继承权则以人民法院的判决为依据。

另外很重要的一点是，放弃继承权的声明可以在遗产处理前或诉讼过程中收回，但需要经人民法院作出决定；而丧失继承权一旦由人民法院作出判决则不能改变。

主持人：《民法典》里有一个宽恕制度，意思是可以恢复继承权吗？

吴老师：我们刚刚提到了五种丧失继承权的情形，只有其中后三种才能适用宽恕制度：（1）遗弃被继承人，或者虐待被继承人情节严重的；（2）伪造、篡改、隐匿或者销毁遗嘱，情节严重的；（3）以欺诈、胁迫手段迫使或者妨碍被继承人设立、变更或者撤回遗嘱，情节严重的。如果继承人确有悔改表现，被继承人表示宽恕或者事后在遗嘱中将其列为继承人的，则该继承人不丧失继承权。

一"点"就通 以案释法

70岁的张阿姨老伴走得早，只剩下她和两个儿子相依为命。前段时间张阿姨发生交通意外，拿到了一笔交通事故赔偿金，大儿子大林得知后向张阿姨讨钱用，但张阿姨没有同意。大林一气之下用打骂、威胁的方式要张阿姨写下遗嘱，写明张阿姨去世后所有财产都归自己继承。后来，大林知道张阿姨又打算重新写一份遗嘱，便跑回家里打骂张阿姨，不让张阿姨立新的遗嘱。张阿姨被大林打伤，住进了医院。

主持人：吴老师，张阿姨之前写的遗嘱有效吗？大林是否有继承权？

吴老师：张阿姨大儿子用打骂、威胁手段逼迫其立下遗嘱，又为了阻止张阿姨另立遗嘱，致使其受伤入院，根据《民法典》的相关规定，应当依法被剥夺大儿子的继承权。并且，根据《民法典》第1143条的规定，遗嘱必须表示遗嘱人的真实意思，受欺诈、胁迫所立的遗嘱无效。据此，张阿姨先前所立的遗嘱不具有法律效力。

主持人：吴老师，张阿姨儿子这种打骂的行为是不是也触犯了其他法律？

吴老师：这要视具体情况而定。如果张阿姨的大儿子经常对她进行打骂，情节严重，可能会触犯《治安管理处罚法》的有关规定，要受到行政处罚；如果情节恶劣，甚至会构成虐待罪，被追究刑事责任。

主持人：很多家庭因为遗产问题大打出手，闹上法庭，吴老师，这样的案例您应该接触过不少吧？

吴老师：这样的事情的确发生过不少，比如，在一个有很多子女的大家庭，兄弟姐妹早先都同意父母的房产由最小的弟弟继承，他们都口头放弃对房产的继承权，但由于拆迁，又都反悔，要求分得自己的份额。但因为当时老人的遗产已经处理完毕了，他们想要重新取得拆迁份额的请求没有得到支持。

有问有答

问：张某山和张某水系兄弟，弟弟张某山长期瘫痪在床又无其他生活来源，张某山和张某水之母生前立下遗嘱，写明自己的200万元遗产由张某山及其哥哥张某水平分，但张某水为侵夺张某山的遗产份额而将遗嘱伪造为自己一人继承。张某水是否可以获得其母的遗产？

答：张某水为获得全部遗产而对遗嘱进行伪造、篡改，且侵害了其残疾人弟弟张某山的继承权，已构成情节严重的情形，张某水丧失对其母遗产的继承权。

【法律依据】

《民法典》

第一千一百二十五条 继承人有下列行为之一的，丧失继承权：

（一）故意杀害被继承人；

（二）为争夺遗产而杀害其他继承人；

（三）遗弃被继承人，或者虐待被继承人情节严重；

（四）伪造、篡改、隐匿或者销毁遗嘱，情节严重；

（五）以欺诈、胁迫手段迫使或者妨碍被继承人设立、变更或者撤回遗嘱，情节严重。

继承人有前款第三项至第五项行为，确有悔改表现，被继承人表示宽恕或者事后在遗嘱中将其列为继承人的，该继承人不丧失继承权。

受遗赠人有本条第一款规定行为的，丧失受遗赠权。

第 50 讲

欠债人身亡，遗产无人继承，遗产可用来还债吗

主持人：当今社会，遗嘱并不是一个让人忌讳的名词，它是一份非常重要且严谨的法律文书。老年人在思维清晰的时候将自己的财产梳理清楚并提前做好规划，既保障了自己的权益，又能规避很多家庭矛盾。今天我们来谈一谈遗嘱的效力问题。吴老师，遗嘱必须经过公证才能生效吗？

吴老师：公证遗嘱并不是唯一有效的遗嘱形式，《民法典》规定了 6 种遗嘱形式，包括：（1）自书遗嘱；（2）代书遗嘱；（3）公证遗嘱；（4）录音遗嘱；（5）打印遗嘱；（6）录像遗嘱。只要遗嘱在内容及形式方面符合法律规定的生效要件，就属于合法有效的遗嘱。

主持人：公证遗嘱有哪些优势？

吴老师：首先，公证遗嘱具有很强的证据效力，能够直接作为人民法院认定事实的根据；其次，公证遗嘱只需要立遗嘱人本人在场，不需要子女到场；最后，很重要的一点是，公证处可以对遗嘱的合法性、有效性进行把关，能够有效规避由于内容或形式不符合法律规定从而不产生效力的法律风险。

主持人：但是，在现实生活中，有一部分人遗产无人继承，

这种情形下遗产如何处置？

吴老师：为了确保这种无人继承的遗产得到妥善的保护和管理，《民法典》增加了遗产管理人制度，对于这种没有继承人或者继承人均放弃继承的情况，由被继承人生前住所地的民政部门或者村民委员会担任遗产管理人。但遗产管理人的职责范围不仅是处理这种无人继承的遗产，还包括管理遗嘱继承和法定继承。其主要职责有：（1）清理遗产并制作遗产清单；（2）向继承人报告遗产情况；（3）采取必要措施防止遗产毁损、灭失；（4）处理被继承人的债权债务；（5）按照遗嘱或者依照法律规定分割遗产；（6）实施与管理遗产有关的其他必要行为。

一“点”就通 ▸▸▸ 以案释法

年纪轻轻、孑然一身的于先生突然身亡，只留下220万元债务和一套房产。债主要求用无人继承的房产偿还债务，死者的姑姑却突然提出异议。一审法院按照无主财产审理。法院二审时作出了发回重审的处理，要求一审法院针对于先生的遗产管理人、遗产及债务等情况进行依法确认。于先生父母早亡，祖父母、外祖父母也先于他的父母去世，他自己未结婚无子女。2019年，于先生猝死，未立下遗嘱。

主持人：吴老师，请您给我们分析一下这个案例。

吴老师：本案的一审法院按照无主财产进行审理，无主财产在认定后首先应当用来支付为丧葬死者所花掉的必要费用，清偿死者生前欠下的债务。但认定之前有一年的财产认领公告期，如有人对该财产提出请求，则无主财产程序终结，请求人另行起诉。在本案中，这无疑在一定程度上侵犯了债权人的合法权益，因此重审时适用了《民法典》新增加的遗产管理制度，由于于先生没有继承人，应由其住所地的民政部门担任遗产管理人，处理其遗产及债务。既实现了对于先生遗产的妥善处理，又有效地保护了债权人的利益。

主持人：死者的姑姑可以继承房产吗？

吴老师：法定继承人里不包括姑姑、舅舅等亲属，只有立有遗嘱明确指定其为继承人的时候，才能够直接继承。

主持人：如果欠债人死亡，但他无任何遗产，欠的钱就一笔勾销了吗？

吴老师：事实上，大部分情况下，人多少还是会有一点财产保留下来的，对此《民法典》是这样规定的，继承人以所得遗产实际价值为限清偿被继承人依法应当缴纳的税款和债务。超过遗产实际价值部分，继承人自愿偿还的不在此限制内。继承人放弃继承的，对被继承人依法应当缴纳的税款和债务可以不负清偿责任。

另外，还要遵循有序清偿原则。如果是既有法定继承又有遗嘱继承、遗赠的情形，由法定继承人清偿被继承人依法应当缴纳的税款和债务；超过法定继承遗产实际价值部分，由遗嘱继承人和受遗赠人按比例以所得遗产清偿。

也就是说，根据继承份额的多少以及是否继承，在法律规定的框架下，债务的偿还还是有一定弹性的。但如果欠债人确实没有一分钱能够继承下来，追偿确实是很困难的。

有问有答

问：被继承人生前将全部财产遗赠给第三人，死亡后有未偿还的债务，此时需要在执行遗赠后对债务进行清偿，是否正确？

答：《民法典》规定，执行遗赠不得妨碍清偿遗赠人依法应当缴纳的税款和债务。也就是说，应当优先用遗产缴纳税款或清偿债务后，再以清偿后仍有剩余的遗产执行遗赠。如果遗产已不足清偿债务，则遗赠就不能执行。所以问题中“在执行遗赠后对债务进行清偿”的说法是不正确的。

【法律依据】

《民法典》

第一千一百四十五条　继承开始后，遗嘱执行人为遗产管理人；没有遗嘱执行人的，继承人应当及时推选遗产管理人；继承人未推选的，由继承人共同担任遗产管理人；没有继承人或者继承人均放弃继承的，由被继承人生前住所地的民政部门或者村民委员会担任遗产管理人。

第一千一百四十七条　遗产管理人应当履行下列职责：

（一）清理遗产并制作遗产清单；

（二）向继承人报告遗产情况；

（三）采取必要措施防止遗产毁损、灭失；

（四）处理被继承人的债权债务；

（五）按照遗嘱或者依照法律规定分割遗产；

（六）实施与管理遗产有关的其他必要行为。

第51讲

别让房子毁了亲情

主持人：一个和睦的大家庭，幸运和财富自然滚滚而来。尽管如此，当时光老去，子女们各自成家后，面对老人赡养、祖屋拆迁等诸多关乎切身利益的烦心事，难免心浮气躁。有的家庭会在老人的主持下召开会议，把今后的事情都安排妥当，并在家庭协议上签字画押。但子女们各自不同的经济状况，会让他们在签字时抱有迥异的心态。有的子女觉得占了便宜，于是这名字签得是酣畅淋漓；而有的则认为吃了亏，签得犹犹豫豫；还有的子女自认为精通法律，认为协议本就无效，所以签得云淡风轻，毕竟只是逢场做戏而已。吴老师，这种家庭人员全部在场签字的文书有法律效力吗？

吴老师：从您的描述来看，老人对财产进行分配，家庭人员全部在场签字，应该属于分家析产协议。这种情况下，全部家庭人员出于真实意思表示签字，不违反法律法规的强制性规定，即具有法律效力。需要注意的是，如果协议上有一个家庭成员没有签字，都可能会引起纠纷。

还有一种情况，就是家庭成员均到场，但是只有老人自己签字，就可能属于遗嘱。我们之前谈到过，《民法典》在《继承法》规定的自书遗嘱、代书遗嘱、公证遗嘱、录音遗嘱这几种遗嘱形式的基础上，还增加了打印遗嘱、录像遗嘱两种法定遗嘱形式，这些遗嘱形式都具有法律效力。

主持人：没错，在此也要提醒各位：成年人签署的家庭协议并非儿戏，签字前请三思；如果签字人的意思表示不真实，则需要依法主动行使撤销权。以房屋拆迁来说，房屋没拆迁，一家人和和睦睦，相安无事；房屋拆迁了，面对巨大的拆迁收益，家人之间可能会因分配或继承问题引发各种纠纷，甚至酿成骨肉相残的悲剧。因为拆迁导致的法律问题，吴老师应该遇到不少。

吴老师：是的，在实践中存在各种各样的问题，涉及很多复杂的法律关系。比如，在遗产分割之前没有做析产，被继承的遗产范围模糊不清，导致拆迁后暴露出来很多遗留问题，可能兄弟姐妹各自都或多或少为房屋和土地作出过贡献，由此引发出一系列家庭内部的纠纷。所以，在遗产处理之前，处理好析产也是一个很重要的事情，能够使遗产得到公平合理的分配。

一“点”就通 ››› 以案释法

赵某是赵家的独孙，从小就受到长辈的疼爱。赵某十几岁时，父亲不幸去世，从那以后赵某的爷爷、奶奶对赵某更加溺爱。2015 年，赵某爷爷的老宅拆迁，两位老人得到了 6 套拆迁房屋。赵某的爷爷奶奶把其中的 2 套留给自己，2 套分给赵某，1 套分给赵某的母亲、1 套分给赵某的姑姑。而赵某觉得自己作为独孙，是爷爷、奶奶财产的唯一继承人，为此赵某多次跟爷爷、奶奶吵架，可爷爷、奶奶却不听他的。

有了 2 套房子的赵某辞去了工作，整天无所事事，不停地玩乐享受，花钱如流水，手里的钱很快就花完了，而爷爷、奶奶认为赵某住一套房出租一套房，钱已经够用，慢慢就不给赵某钱了。没了爷爷、奶奶的资助，赵某先后将两套房出售。200多万元的售房款不久就被他挥霍一空，还欠下了20多万元的高利贷。

巨额外债并没有让赵某清醒过来，他反而认为这一切都是由于爷爷、奶奶没有给他更多房造成的。被债主逼着还债的赵某心情郁闷，准备杀害爷爷、奶奶后自杀。2019年12月，赵某来到爷爷、奶奶家，先后用锤子杀死奶奶、爷爷。赵某在杀害爷爷、奶奶后又用剪刀撬开柜子，盗取6500元，后去酒吧等处挥霍。次日，本欲自杀而未成的赵某向公安机关投案。

主持人：吴老师，请您根据《民法典》给我们分析一下这个案例中的财产分配问题。

吴老师：首先，依据《民法典》的规定，所有权人对自己的不动产或者动产，依法享有占有、使用、收益和处分的权利。老人尚在世，他对自己的财产有绝对的处分权，有权按照自己的意愿自由处分自己的财产，不受任何子女的干涉。从本案中赵某的爷爷、奶奶分给赵某的房产份额来看，也足以看出两位老人对赵某的疼爱。如果从法定继承的角度来看，赵某还可以代位继承其父亲的遗产份额。但赵某却掉入了物质和贪婪的陷阱，挥霍无度，将仇恨的种子转移到了疼爱自己的爷爷、奶奶身上，导致这样的悲剧，令人心情沉痛。

主持人：丧心病狂的后果就是要面对法律的制裁。吴老师，根据《刑法》，赵某将受到什么惩罚？

吴老师：从案件中我们可以看出，赵某一开始在主观上就具有杀人的故意，实施杀害行为后又临时起意实施了窃取财物的行为，数额较大，可能同时触犯故意杀人罪和盗窃罪两个罪名。

主持人：作为法律专家，您有什么要告诫我们的吗？

吴老师：公民合法取得的房屋是其个人财产，受法律保护，由公民自由处置，不受任何人的干涉、影响。本案中，赵某的爷爷、奶奶在生前可自由将他们的房屋赠与他人或指定他人继承，家属应当尊重老人的决定，赵某作为孙子不应干涉、影响，更不应因为得不到房产而让愤怒的情绪冲昏自己的头脑，用残忍的犯罪行为辜负疼爱自己的爷爷、奶奶。在生活中我们要树立正确的价值观，处理好亲情与财产之间的关系，不要让金钱蒙蔽双眼，淡漠了亲情。

主持人：是的，亲情比财富更可贵，希望我们都可以保持初心！

有问有答

问：赵某与刘某结婚，婚后生有一子赵甲和一女赵乙。赵乙因车祸去世，留有一丙女。赵某不久后死亡，赵某婚前拥有个人房产一套，遗嘱将该房产处分给丙女。赵某去世后，刘某和赵甲是否还能对该房屋主张相关权利？

答：本案中刘某和赵甲对该房屋不享有相关权利。所涉房产为赵某个人房产，其所立遗嘱有效，丙女可以依据遗嘱对该房屋进行继承，且自赵某死亡时即取得该房屋的所有权。

【法律依据】

《民法典》

第一千一百二十五条　继承人有下列行为之一的，丧失继承权：

（一）故意杀害被继承人；

（二）为争夺遗产而杀害其他继承人；

（三）遗弃被继承人，或者虐待被继承人情节严重；

（四）伪造、篡改、隐匿或者销毁遗嘱，情节严重；

（五）以欺诈、胁迫手段迫使或者妨碍被继承人设立、变更或者撤回遗嘱，情节严重。

继承人有前款第三项至第五项行为，确有悔改表现，被继承人表示宽恕或者事后在遗嘱中将其列为继承人的，该继承人不丧失继承权。

受遗赠人有本条第一款规定行为的，丧失受遗赠权。

第一千一百二十六条 继承权男女平等。

第一千一百三十三条 自然人可以依照本法规定立遗嘱处分个人财产，并可以指定遗嘱执行人。

自然人可以立遗嘱将个人财产指定由法定继承人中的一人或数人继承。

自然人可以立遗嘱将个人财产赠与国家、集体或者法定继承人以外的组织、个人。

自然人可以依法设立遗嘱信托。

第52讲

你认为能继承的遗产，真的是遗产吗

主持人：人在离世之后，或多或少会留下一笔财富，这笔财富称为遗产。继承亲人的全部遗产在许多人看来理所当然、毫无悬念，真的是这样吗？哪些遗产可以被继承，哪些不能被继承？你认为能继承的遗产，真的是遗产吗？这些《民法典》通通都会告诉你。吴老师，请您先给我们解答一下哪些遗产可以继承，哪些不可以。

吴老师：遗产具有财产性，继承的遗产只能是财产性权利。《民法典》总则编将自然人可以继承的财产权利概括为五大类：（1）物权；（2）债权；（3）知识产权中的财产权；（4）投资获得的权益；（5）其他财产性权利。此外还有以下几种财产不可以被继承：（1）国家财产、集体财产、社会组织财产和他人财产，比如宅基地使用权、承包权；（2）来源不合法的遗产，比如抢劫、盗窃、贪污受贿所得的财产；（3）知识产权中的人身权，比如署名权、发表权、修改权、保护作品完整权；（4）与自然人人身不可分离的权利和义务，比如领取社保费用的权利；（5）法律特别规定禁止流转的财物。

一“点”就通 ▸▸▸ 以案释法

老伴去世后，95岁的王大爷去银行提取老伴名下一笔到期的30万元存款，但银行工作人员告知王大爷这笔存款应按照遗产处理。王大爷认为他与老伴上无父母、下无子女，老伴唯一的第一顺位继承人就是自己，不知存款为何会变成遗产。

主持人：吴老师，王大爷能取出这30万元吗？

吴老师：自然人死亡后遗留的个人合法财产，就成为遗产。而王大爷作为老伴唯一的法定第一顺序继承人，当然有权继承老伴名下所有的30万元的存款，只不过王大爷需要向银行提供相关证明文件，才可以将遗产取出。

主持人：如何界定继承开始的时间？

吴老师：《民法典》继承编规定，继承是从被继承人死亡时开始，而总则编对自然人的死亡时间的认定方式作出了规定：自然死亡和被人民法院宣告死亡。以上两种方式的任意一种都可以认定为继承开始的时间。

主持人：无法得知死亡时间时，如何确定继承顺序？

吴老师：若干个有继承关系的人在同一时间死亡无法确定先后时间时，应首先确定没有继承人的人先死亡。《民法典》第1121条规定，继承从被继承人死亡时开始。相互有继承关系的数人在同一事件中死亡，难以确定死亡时间的，推定没有其他继承人的人先死亡。都有其他继承人，辈分不同的，推定长辈先死亡；辈分相同的，推定同时死亡，相互不发生继承。

【法律依据】

《民法典》

第一千一百二十七条　遗产按照下列顺序继承：

（一）第一顺序：配偶、子女、父母；

（二）第二顺序：兄弟姐妹、祖父母、外祖父母。

继承开始后，由第一顺序继承人继承，第二顺序继承人不继承；没有第一顺序继承人继承的，由第二顺序继承人继承。

本编所称子女，包括婚生子女、非婚生子女、养子女和有扶养关系的继子女。

本编所称父母，包括生父母、养父母和有扶养关系的继父母。

本编所称兄弟姐妹，包括同父母的兄弟姐妹、同父异母或者同母异父的兄弟姐妹、养兄弟姐妹、有扶养关系的继兄弟姐妹。

第53讲

我的遗嘱我做主，《民法典》有新变化

主持人：生前立好遗嘱，未雨绸缪，既能够确保立遗嘱人按照自己的意愿处分遗产，还能避免自己的“身后事”变成“麻烦事”。之前我们也提到过《民法典》实施后新增了两种遗嘱方式，咱们今天就细说这个事儿。吴老师，是所有的人都可以立遗嘱吗？

吴老师：不是。立遗嘱人必须是完全民事行为能力人。因为限制民事行为能力人和无民事行为能力人不具有立遗嘱的能力，所以不能设立遗嘱。

主持人：那我们在遗嘱中可以处分哪些财产？

吴老师：遗嘱人可以处分自己名下的财产，如工资、存款、车辆、房屋等合法财产。但是，请注意，不能处分国家、集体、他人所有的财产，例如，属于夫妻共同财产的，遗嘱人只能处分属于自己的那一部分财产。

主持人：明白了，《民法典》颁布后，在保留原有的自书、代书、公证、录音、口头遗嘱的基础上，继承编新增打印遗嘱和录像遗嘱两种形式。遗嘱的形式这么多，该选择哪种好呢？

吴老师：很多人都认为公证遗嘱的法律效力可能更高一些。事实上，自《民法典》颁布实施以后，公证遗嘱就不再具有优先效力，充分保障了遗嘱人的自由意志，也就是说，这几种《民法典》中的法定遗嘱形式都具有相同的法律效力。遗嘱形式没有好坏之分，重要的是其中的内容一定要符合法律规定。

在生活中最常见的就是自书遗嘱，因为它比较方便，被继承人可以随时按自己的意愿立下遗嘱，也不需要见证人在场。但是，我们要注意，也正因为如此，很多自书遗嘱都由于在内容或者形式上不符合法律要求，存在缺漏甚至不具有法律效力，所以，无论是自书遗嘱，还是另外几种形式，建议大家提前向相关法律人士进行咨询，在他们的指导下订立遗嘱。

一“点”就通 ▸▸▸ 以案释法

王阿姨生前立有两份遗嘱，自书遗嘱在前，载明自己名下房产由再婚的丈夫继承，落款处有王阿姨亲笔签名，注明年、月、日。两年后，王阿姨打印了一份遗嘱，载明自己名下房产由儿子继承，除签名外其他内容均是打印。现再婚丈夫起诉王阿姨儿子要求按照自书遗嘱来继承房产。

主持人：这个案例还请吴老师分析一下。

吴老师：《民法典》规定，立有数份遗嘱，内容相抵触的，以最后的遗嘱为准，但同时对于法定遗嘱形式也有要求。打印遗嘱应当有两个以上见证人在场见证，遗嘱人和见证人应当在遗嘱每一页签名，注明年、月、日。王阿姨后立的打印遗嘱不满足规定的要件，因而无效。所以，其再婚丈夫要求按照先前的自书遗嘱继承的请求能够得到法院的支持。

主持人：如果立遗嘱人不会使用电脑，那我们如何保证打印遗嘱的真实性？

吴老师：立遗嘱人不会操作电脑，由其他人来进行录入和打印，这种情况其实就相当于一种代书形式。在这种情形下，应当有两个以上的见证人在场，由其中一人代书，并由遗嘱人、代书人和其他见证人签名，注明年、月、日。为了保证该份打印遗嘱的有效性，我们可以进行录像，来记录说明该份打印遗嘱形成的完整过程。

主持人：这次新增的遗嘱形式除了打印遗嘱，还有录像遗嘱，也就是说，我可以录一个短视频作为遗嘱，立这种形式的遗嘱还需要有其他人在场吗？

吴老师：《民法典》第1137条规定，以录音录像形式立的遗嘱，应当有两个以上见证人在场见证。遗嘱人和见证人应当在录音录像中记录其姓名或者肖像，以及年、月、日。《民法典》继承编在录音遗嘱的基础上，还确认以录像遗嘱作为法定遗嘱形式之一。这就意味着，遗嘱人可以拍一段短视频作为遗嘱，但需要满足一定的形式要件：（1）需要两个以上的见证人在场见证；（2）遗嘱人口述遗嘱内容；（3）遗嘱人和全体见证人应在录音录像中记录其姓名或者肖像，以及年、月、日。

主持人：《民法典》还有一个亮点是公证遗嘱不再具有优先效力，这个怎么理解呢？

吴老师：《民法典》实施以前，《继承法》规定，“自书、代书、录音、口头遗嘱，不得撤销、变更公证遗嘱”。最高人民法院《关于贯彻执行〈中华人民共和国继承法〉若干问题的意见》也规定，“遗嘱人以不同形式立有数份内容相抵触的遗嘱，其中有公证遗嘱的，以最后所立公证遗嘱为准；没有公证遗嘱的，以最后的遗嘱为准”。这种情况下，要想撤销公证遗嘱，只能通过公证的方式，需要遗嘱的订立人通过立新的公证遗嘱的方式进行撤销或者向公证处申请撤销原公证遗嘱，这往往需要经过很长的一段流程，花费很多时间，对于紧急、特殊的情况显然有很大的限制，也有违遗嘱自由原则。《民法典》删除了这一内容，使公证遗嘱不再具有优先的法律效力，从而能够充分保障遗嘱人按照自己的意愿对自己的财产进行自由处分的权利。立有数份遗嘱，内容相抵触的，以最后的遗嘱为准。

主持人：在立遗嘱过程中，见证人很重要，哪些人不可以作为遗嘱的见证人？

吴老师：（1）无民事行为能力人、限制民事行为能力人以及其他不具有见证能力的人不能作为见证人。（2）继承人、受遗赠人不能作为见证人。（3）与继承人、受遗赠人有利害关系的人，如继承人、受遗赠人的债权人，因为遗产份额的处分关系到其债权能否完全实现，所以这些人也不能作为见证人。

有问有答

问：遗嘱人在危急情况下立下口头遗嘱，危急情况消除后，遗嘱人能够以书面或者录音录像形式立遗嘱的，所立的何种遗嘱无效？

答：《民法典》第1138条规定，遗嘱人在危急情况下，可以立口头遗嘱。口头遗嘱应当有两个以上见证人在场见证。危急情况消除后，遗嘱人能够以书面或者录音录像形式立遗嘱的，所立的口头遗嘱无效。所以，在这种情况下，口头遗嘱无效。

问：被继承人生前立有数份内容相抵触的遗嘱，依次为自书遗嘱、代书遗嘱、公证遗嘱、录像遗嘱，最后以哪份遗嘱为准？

答：录像遗嘱。《民法典》规定，立有数份遗嘱，内容相抵触的，以最后的遗嘱为准。录像遗嘱的时间在最后，故应当以录像遗嘱为准。这是对此前《继承法》公证遗嘱效力优先的一个修改。

问：下列哪些人可以作为遗嘱见证人？

A. 无民事行为能力人、限制民事行为能力人

B. 继承人、受遗赠人

C. 被继承人的友人

D. 继承人、受遗赠人的兄弟姐妹

答：答案是C项。《民法典》规定，下列人员不能作为遗嘱见证人：（1）无民事行为能力人、限制民事行为能力人以及其他不具有见证能力的人；（2）继承人、受遗赠人；（3）与继承人、受遗赠人有利害关系的人。其中，与继承人、受遗赠人有利害关系的人主要包括其近亲属、债权债务人、共同经营的合伙人等与遗产有利害关系的人。

【法律依据】

《民法典》

第一千一百三十三条　自然人可以依照本法规定立遗嘱处分个人财产，并可以指定遗嘱执行人。

自然人可以立遗嘱将个人财产指定由法定继承人中的一人或者数人继承。

自然人可以立遗嘱将个人财产赠与国家、集体或者法定继承人以外的组织、个人。

自然人可以依法设立遗嘱信托。

第七章

侵权责任编

第 54 讲

爱运动的你了解“自甘风险”吗

主持人：《民法典》侵权责任编共 10 章，95 条。从总体理念来看，侵权责任编积极回应时代发展的新需求，吸收借鉴人类法治文明建设的有益成果，注重民事主体权益保护和行为自由的动态平衡。从具体内容来看，侵权责任编修改条文达 30 多处，增加条文 10 多处，充分反映了人民的利益诉求，必将为人民追求美好生活提供重要的法治保障。吴老师，请您先给我们简单介绍一下第七编侵权责任编里的亮点内容。

吴老师：好的。《民法典》的侵权责任编中规定了很多与我们日常生活息息相关的问题，主要包括：

第一，确立了“自甘风险”规则。《民法典》规定：自愿参加具有一定风险的文体活动，因其他参加者的行为受到损害的，受害人不得请求其他参加者承担侵权责任；但是，其他参加者对损害的发生有故意或者重大过失的除外。

第二，规定了“自助行为”制度。《民法典》明确了“自助行为”的合法性。明确合法权益受到侵害，情况紧迫且不能及时获得国家机关保护，不立即采取措施将使其合法权益受到难以弥补的损害的，受害人可以在保护自己合法权益的必要范围内采取扣留侵权人的财物等合理措施，但是应当立即请求有关国家机关处理。

第三，扩大了精神损害赔偿范围。《民法典》规定，因故意或者重大过失侵害自然人具有人身意义的特定物造成严重精神损害的，因违约行为损害对方人格权并造成严重精神损害的，都有权请求精神损害赔偿。强调了精神权益、人格权益的重要性。

第四，完善缺陷产品召回责任。依照相关规定采取召回措施的，生产者、销售者应当负担被侵权人因此支出的必要费用。

第五，规范医患关系与患者隐私保护。《民法典》进一步保障患者的知情同意权，明确医务人员的相关说明义务，加强医疗机构及其医务人员对患者隐私和个人信息的保护。

第六，完善了网络侵权责任制度。为了更好地保护权利人的利益，平衡好网络用户和网络服务提供者之间的利益，《民法典》对"人肉搜索"等网络侵权行为进行了约束，细化了网络提供者的责任。

第七，完善高空抛物坠物治理规则。针对频频发生的高空抛物问题，为了保障好人民群众的生命财产安全，《民法典》规定，禁止从建筑物中抛掷物品，强调有关机关应当依法及时调查，查清责任人，并规定物业服务企业等建筑物管理人应当采取必要的安全保障措施以防止此类行为的发生。

主持人：今天就来重点关注一下"自甘风险"这个新内容。吴老师，请您从专业角度给我们解析一下。

吴老师："自甘风险"也就是指已经知道有风险，而自己甘愿去冒风险，那么，当风险出现的时候，就应当自己来承担责任、承担损害后果。"自甘风险"广泛地体现在体育竞赛活动中，体育运动总是与体育风险相伴而生，已经成为一种社会共同认可的惯例和道德准则，也被法律所规定认可，并运用在司法实践当中。《民法典》第1176条规定，自愿参加具有一定风险的文体活动，因其他参加者的行为受到损害的，受害人不得请求其他参加者承担侵权责任；但是，其他参加者对损害的发生有故意或者重大过失的除外。

具体看是否构成自甘风险，主要有以下几个要件：（1）参与者要明知所参与的活动存在风险，这里的明知包括知道或应当知道，应当知道以一般智力水平可以预见到的风险。（2）参与者主观上属于自愿参与，而非胁迫参与。（3）参与者不是履行法定义务，而是为了获得某种利益而面临危险。（4）风险本是可以避免的。

一"点"就通 ▸▸▸ 以案释法

原告小张和被告小李是中学同学，一天他们利用午休时间与其他数名同学在学校操场上打篮球。在打篮球过程中，小李带球突破上篮，小李在到达篮筐前跳起上篮时撞到小张，小张倒地受伤。医院诊断小张为右尺桡骨远端骨折，经司法鉴定为十级伤残。小张父母遂以小李和所在学校为被告提起诉讼，要求二被告共同承担小张骨折的损害赔偿责任。

主持人：吴老师，这个案例您怎么看？

吴老师：首先，从小张来看，作为一名中学生，我们认为他已经具有了可以遇见风险的能力，应当知道篮球运动是一项具有激烈对抗性的运动，有受伤的风险存在，但他仍然自愿承担这种风险并参与到运动中。同时，被告小李的上篮动作也属于正常规则行为，不存在故意或重大过失。因此，当风险来临时，我们应该认定小张的行为属于自甘风险，应当自己承担损害后果。小张父母提出小李进行损害赔偿的请求得不到支持。

与此同时，《民法典》第1176条第2款明确规定："活动组织者的责任适用本法第一千一百九十八条至第一千二百零一条的规定。""自甘风险"规则的引入未改变活动组织者的归责标准，亦未免除活动组织者的安全保障义务。学校如果能证明其尽到了安全保障义务的责任，以及教育、管理职责，也不用承担相应的赔偿责任。

主持人：踢足球、打篮球，人们在进行这些对抗性强的体育运动时，磕碰受伤是难免的。如果根据"自甘风险"原则，受伤的一方只能自认倒霉了吗？

吴老师：其实并不是这样的，"自甘风险"原则的规定并没有一味免除相对人的责任。相对人包括有其他活动参与者、经营场所、公共场所的经营者、管理者或者群众性活动的组织者、幼儿园、学校或者其他教育机构。如果其他活动参与者存在故意或者重大过失，抑或以上这些经营者、管理者、组织者、学校的场地设施存在安全隐患，未尽注意义务，或者未尽到教育、管理职责，都需要承担相应的侵权责任。

主持人：如果是掰手腕导致对方受伤，适用"自甘风险"原则吗？

吴老师：如果符合行为人明知风险，自愿参加，且对方不存在故意或重大过失，也是适用的。

主持人：吴老师，掰手腕也算文体活动吗？

吴老师：法律对"文体活动"作出的是一种概括式的规定，在司法实践中有具体解释空间。掰手腕其实体现了一种力量的角逐，通过展现双方身体素质进行较量来决定输赢，达到挑战自我和赢得心理获得感的目的，符合竞技性体育的一般特征，因而也算作一种文体活动。

有问有答

问：如果在具有一定风险的文体活动中，行为人因其他参加者的正常运动行为受伤，其他参加者对该损害后果不存在故意或过失，不承担侵权责任，是否正确？

答：题目表述中明显少了一个条件，这里的“参加”要求行为人是“自愿参加”，如果是非自愿，也就不能成立所谓“自甘”风险。这种情况下可能适用民法上的公平责任原则，即行为人造成他人民事权益损害，不论行为人有无过错，法律规定应当承担侵权责任的，依照其规定。但要注意，公平责任只适用于少数行为导致损害的情况，不具有普遍性。所以答案是不正确。

【法律依据】

《民法典》

第一千一百七十六条　自愿参加具有一定风险的文体活动，因其他参加者的行为受到损害的，受害人不得请求其他参加者承担侵权责任；但是，其他参加者对损害的发生有故意或者重大过失的除外。

活动组织者的责任适用本法第一千一百九十八条至第一千二百零一条的规定。

第一千一百八十六条　受害人和行为人对损害的发生都没有过错的，依照法律的规定由双方分担损失。

第55讲

《民法典》时代，我们的知识产权更有保障

主持人：知识产权，是智力劳动成果的结晶，是创新发展的源头活水。长久以来，知识产权侵权多发易发，权利人维权“举证难、周期长、赔偿低、成本高”等问题备受社会关注。千万不要觉得知识产权侵权和我们老百姓没有关系，知识产权侵权在生活中其实很常见。

吴老师：是的，例如，未经授权剪辑搬运的影视作品或他人作品，侵犯商标专用权的假冒伪劣产品等，这些侵权行为其实就在我们的身边，盗版图书就是最常见的知识产权侵权。

主持人：前段时间一部叫《扫黑风暴》的电视剧席卷全网，那几天的话题全是有关剧情的讨论，我当时也每天追剧，但是这部剧也因为侵权问题上了热搜。抖音平台未经腾讯视频授权就进行搬运剪辑，腾讯视频以侵犯著作权及不正当竞争为案由，将抖音诉至北京知识产权法院，北京知识产权法院已立案。吴老师，这种搬运剪辑的行为是否涉嫌侵权？

吴老师：视频的发布者是否构成侵权，主要是看它是否属于《著作权法》中的合理使用的情形，比如，是否是为了介绍、评论某部作品或者说明某一问题，而在作品中适当引用他人已经发

表的作品，或者个人为了学习、研究或者欣赏而使用他人已经发表的作品。但是，在海量的短视频中，一般情况下都不属于这两种情况。当然，在某种情况下有可能也会符合第二种情况，比如，我做一个短视频是为了让其他人对这个上映的影视剧作品进行评价，去介绍娱乐圈或电影行业的事件，在视频中适当地使用作品中的台词，在这种情况下才属于合理使用。但大多数用户的做法是把其他影视剧的片段，通过剪辑的方式，直接做成短视频，像这种情况一般不构成合理使用，会构成著作权侵权。这一点是针对用户的行为来讲的。

主持人：近年来，短视频平台的影视剪辑视频纠纷一直不断。就在2020年4月9日，50多家影视公司、5大长视频平台及影视行业协会发出联合声明，共同呼吁广大短视频平台和公众账号生产运营者尊重原创、保护版权，未经授权不得对相关影视作品实施剪辑、切条、搬运、传播等侵权行为。吴老师，平台对用户发布的视频是否应提醒或审核？

吴老师：目前没有法律规定要求平台对用户发布的信息进行事先审核，因为这确实不符合互联网的特点，面对用户发布的众多信息，要求平台事先逐一审核不太现实。现在只是有网络协会、网络视听节目协会发布的网络视听节目规范，这是一个行业自律规范。它提倡要先审后罚，但这不具有法律的强制约束力。从目前法律的规定来看，短视频平台对用户所发布的信息没有事先审核的法定义务。

一“点”就通 ››› 以案释法

2017年1月，原告斐乐公司以侵犯商标权为由将被告某商务公司、某鞋业公司及其法定代表人等诉至法院，提出了被告停止侵权、消除影响并赔偿损失900万元等诉讼请求。

原告认为其享有“FILA”系列注册商标的商标专用权，并将其运用于经营衣服、帽、鞋商品，在全国各地都有店铺销售，享有市场知名度和美誉度。被告公司在线下实体店和线上网络销售平台宣传展示及销售的鞋类商品中使用的商标标识与原告所持有的“FILA”系列注册商标字形、读音相近，使用形式上亦抄袭了原告的商标。以上被告行为侵犯了原告的商标专用权。经原告统计，被告就侵权商品的销售总额已达到数千万元，因此，请求被告赔偿经济损失900万元。

法院经审查认为，被告使用的标识，在构成要素、字形、读音、含义上均与原告商标构成近似，且原告注册商标具有较强显著性和较高知名度，故相关公众会误认为被诉商品系由原告提供，被诉行为存在混淆可能性，故法院认定被诉商品所使用的标识侵犯了原告商标的专用权。

关于侵权赔偿数额的确定问题。被告某鞋业公司、某商务公司及其法定代表人在知道其使用涉案被诉标志可能会给消费者造成严重误导，导致商品来源混淆误认的情况下，仍然继续生产和销售侵权商品，其主观恶意明显，侵权情节严重，一审法院除判决被告停止侵权、消除影响外，也判决被告按照某鞋业公司因侵权获利（263.8322万元）的三倍的金额赔偿原告791万元。后该案经二审、再审，均被驳回上诉和再审申请。

主持人：吴老师，请您从《民法典》的角度来分析一下这个案例。

吴老师：这个案例发生在《民法典》颁布以前，在当时主要是依据《商标法》和《侵权责任法》的有关赔偿制度、原则作为裁判依据。《民法典》颁布以后，针对这类恶意知识产权侵权行为特别规定了惩罚性赔偿制度，明确了知识产权的私权属性，对《商标法》《著作权法》等知识产权单行法所确定的惩罚性赔偿条款起到了指导和统领作用，对于建立统一的侵害知识产权惩罚性赔偿的法律规则、完善知识产权法律体系有很大的意义。

《民法典》规定：故意侵害他人的知识产权，情节严重的，被侵权人有权请求相应的惩罚性赔偿。也就是说，侵权人主观上要有故意，情节上要求情节严重，这里的“情节严重”，主要是从侵权人因侵权获得的非法利益、侵权行为持续的时间、侵权的方式和次数、知识产权的价值和影响力、权利人受损情况等方面进行综合考虑，看看是否对权利人产生了极大的损害，一般补偿已经不能弥补侵权行为对权利人造成的损失，需要在损失基础之上加重赔偿。比如，在我们刚才提到的案例中，FLIA 品牌享有很高的市场知名度，而被告使用与 FILA 商标近似的标识，对消费者造成了极大的误导，由此侵权行为非法获利的销售总额已达到数千万元，并且被告明知使用的标识极易造成混淆，仍然制造销售，说明其主观上持有明显的故意，应认定为情节严重的恶意侵权行为，其应当对原告进行惩罚性赔偿。

目前，我们通过《民法典》和各知识产权单行法的衔接以及各种配套法律的完善，不断加大我们国家对知识产权的保护力度，保护创新环境，有效威慑侵权行为，实现罚当其责。

主持人：知识产权侵权行为之所以频繁发生，违法成本低无疑是重要原因之一。要有效震慑侵犯知识产权的不法行为，就必须提高包括侵权损害赔偿额在内的违法成本。《民法典》中的惩罚性赔偿规定让侵权者付出难以承受的代价，让创新者吃下司法保护的“定心丸”，让商业环境和市场秩序愈加公平、开放、透明，也让我们能更好地拿起法律武器维护自己的合法权益！

有问有答

问：在婚姻关系存续期间，夫妻一方或双方专有的知识产权属于夫妻共同财产，这种说法是否正确？

答：这种说法是不正确的。针对这点，《民法典》第1062条有相关规定，夫妻在婚姻关系存续期间的知识产权的收益，为夫妻的共同财产，归夫妻共同所有。因为知识产权是指民事主体对其创造性的智力劳动成果依法所享有的专有权利，它既是一种财产权，也是一种人身权，具有很强的人身性、专属性。所以，婚后夫妻一方取得的知识产权权利本身归一方专有，但由其取得的经济利益属于夫妻共同财产。

【法律依据】

《民法典》

第一千一百八十五条　故意侵害他人知识产权，情节严重的，被侵权人有权请求相应的惩罚性赔偿。

第56讲

狗绳“绊倒”“夜跑族”，双方责任如何担

主持人：养犬虽好，麻烦不少。近年来，除了常见的宠物咬伤他人引发的侵权纠纷以外，还出现了因饲养宠物产生的其他法律纠纷。那么，吴老师，涉及宠物的侵权纠纷都分哪几种情况？最多发的是哪种？

吴老师：目前宠物侵权纠纷的类型多种多样，包括因饲养宠物产生的财产纠纷、相邻关系纠纷、物业纠纷、交通事故纠纷等。其中，犬类咬伤他人而引发的涉及人身损害赔偿的纠纷最为多发。

一“点”就通 ››› 以案释法

张某晚上在小区内部道路慢跑，与正在遛狗慢跑的王某相遇，王某见状欲收回狗绳，双方避让不及，导致张某绊在狗绳上摔倒受伤。张某将王某诉至法院，要求王某赔偿医疗费、营养费、交通费、误工费、手机维修费，共计4646.8元。法院经审理，判决王某承担80%的赔偿责任，张某自行承担20%的责任，王某需向张某赔偿医疗费84.64元和手机维修费1735.2元。

主持人：吴老师，这个受害者怎么还承担责任呢？

吴老师：本案是犬绳将人绊倒导致受伤，并非动物致人损害，因此，并不适用《民法典》第七编侵权责任中第九章关于饲养动物损害责任的相关规定，而是适用一般侵权的过错责任原则。

携犬人对携犬行为可能产生的相应后果应尽到合理的注意义务。在行人通行的路段，携犬人应注意避让行人。携犬人如未能及时合理避让造成损害结果的，对损害的发生存在过错，需承担相应的侵权责任，故本案中王某需要承担相应的侵权责任。

本案中，被侵权人张某在小区内夜跑时也应尽到一定的安全注意义务，警惕周围环境，及时避让危险。张某未尽到自身的注意义务被犬绳绊倒，对损害的发生也有过错，可以适当减轻王某的责任。

主持人：那应该如何判定责任？

吴老师：在被侵权人对损害的发生也有过错时，判定双方的责任比例的基本规则是比较侵权人与被侵权人的过错大小。通常采取的标准是：（1）根据行为危险性大小及危险回避能力来判断过错的大小，行为危险性越大，危险回避能力越强，则过错越大；（2）根据注意义务的内容和注意标准来判断过错的大小，行为人未尽到注意义务的程度越大则过错越大。

同时，对于侵权人和被侵权人的过错衡量标准存在一定的差别，对于被侵权人应采取较低标准或主观标准衡量其过错程度。本案中，根据上述标准判断双方的过错程度，法院判定王某承担80%的赔偿责任，张某自行承担20%的责任。

主持人：那您有什么提示给咱们喜欢养宠物的家庭吗？

吴老师：现在养宠物的家庭越来越多，宠物与我们共处在同一片生活空间，我们应当按照法律法规的规定饲养宠物，包括《民法典》中关于饲养动物的规定，还有各地结合具体情况制定的一些养犬管理规定或是文明促进条例。我们还需要尊重社会公德，不妨碍他人生活。广大养宠人士一定要注意以下口诀：合法养犬，须有养犬证；外出遛狗，须有拴狗链；文明养犬，须有粪便袋；安全养犬，须戴犬嘴套；健康养犬，须注射疫苗。

主持人：锻炼很重要，但夜跑需谨慎，安全应放在第一位。夜晚光线较暗，对视线有一定影响，夜跑风险较高，尤其是在人群密集的小区道路和车辆行驶的马路旁边，夜跑者需高度注意周围环境，避免速度过快。一旦发生事故，如果夜跑者自身存在过错，也需承担部分责任。

有问有答

问：被侵权人对损害的发生也有过错的，（　　）。

A. **应当减轻侵权人的责任**

B. **可以减轻侵权人的责任**

C. **必须减轻侵权人的责任**

D. **不可以减轻侵权人的责任**

答：答案是 B 项，可以减轻侵权人的责任。《民法典》侵权责任编中规定，被侵权人对同一损害的发生或者扩大有过错的，可以减轻侵权人的责任。

【法律依据】

《民法典》

第一千一百六十五条　行为人因过错侵害他人民事权益造成

损害的，应当承担侵权责任。

依照法律规定推定行为人有过错，其不能证明自己没有过错的，应当承担侵权责任。

第一千一百七十三条 被侵权人对同一损害的发生或者扩大有过错的，可以减轻侵权人的责任。

第57讲

头顶上的安全，《民法典》来守护

主持人：屡禁不止的高空抛物现象不仅有悖于文明、道德，更重要的是涉嫌违法，危及他人生命财产安全。关于高空抛物，一直以来争议不断，《民法典》明确规定“禁止从建筑物中抛掷物品”，并规定由侵权人依法承担侵权责任，令人们“头顶上的安全”更有保障。那么，《民法典》究竟是如何规定、如何定责的，咱们先请吴老师来解读一下。

吴老师：随着城市发展水平的快速提高，越来越多的高楼大厦兴建起来，从建筑物向窗外抛掷物品的现象也随之不断发生，这是非常不道德且违反公序良俗、危害公共安全的行为，这种行为无论是从法律层面还是从道德层面上来看，都必须严格禁止。《民法典》对此在侵权责任编中作出了特别规定：禁止从建筑物中抛掷物品。从建筑物中抛掷物品或者从建筑物上坠落的物品造成他人损害的，由侵权人依法承担侵权责任；经调查难以确定具体侵权人的，除能够证明自己不是侵权人的外，由可能加害的建筑物使用人给予补偿。可能加害的建筑物使用人补偿后，有权向侵权人追偿。物业服务企业等建筑物管理人应当采取必要的安全保障措施防止前款规定情形的发生；未采取必要的安全保障措施的，应当依法承担未履行安全保障义务的侵权责任。

《民法典》在原《侵权责任法》的基础上，明确规定了高空抛物坠物的处理规则，即“禁止从建筑物中抛掷物品”。同时，针对高空抛物坠物事件侵权人难以确定的问题，首次明确公安等机关的调查权与调查义务，从而提高了查明侵权人的概率，并规定建筑物管理人应采取必要的安全保障措施防止此类事件发生。对于难以确定具体侵权人的，《民法典》明确了建筑物使用人承担责任后享有追偿权，这样有利于调动业主的积极性来共同查找侵权人。《民法典》的规定细化了各方责任，不仅有利于锁定侵权人，督促管理人尽到安全保障义务，也有利于充分调动各方面力量参与社会治理。

主持人：居民楼发生高空抛物损害事件后，同楼居民如何证明自己不是侵权人？

吴老师：一般情况下，同楼居民可以通过自己的不在场证明，比如，事发时自己在外上班，根本不具有时间条件，或者所居住楼层客观上不具有造成抛掷物品损害的可能性，比如，家住低层，以及抛落的物品或坠落品并非自己所有等来使自己免责。

一“点”就通 ▸▸▸ 以案释法

2021年，原告张某被小区物业通知其车辆被楼上掉落的玻璃砸到。张某至现场察看，发现自己的汽车玻璃被砸出一个大洞，车身周围和地面一片狼藉，同时还有好几辆车被砸中，但自己的车受损最重。公安民警对现场进行拍照并上楼查看，最终确定掉落的玻璃来自25楼王某家中。因赔偿事宜协商未果，原告张某将王某和物业公司诉至当地法院。

原告张某称：我要求被告赔偿车辆折损费、交通费、误工费

2 万余元，一分钱也不能少。

被告王某称：我家的窗户一直有问题，已多次联系开发商维修，但其迟迟没有解决，窗户玻璃坠落后，开发商说会给车主们赔偿。

物业负责人称：事发后我们积极与业主进行沟通，也在尽力促成双方达成赔偿协议，尽了该尽的义务。

主持人：吴老师，我看这三方你来我往的，似乎都有点道理，您给评评理吧。

吴老师：这是一起高空坠物案，有别于高空抛物的情形。高空坠物是指建筑物、构筑物或者其他设施及其搁置物、悬挂物发生脱落、坠落造成他人损害的情形，所有人、管理人或者使用人不能证明自己没有过错的，应当承担侵权责任；所有人、管理人或者使用人赔偿后，有其他责任人的，有权向其他责任人追偿。本案中，王某作为掉落玻璃的房屋所有人，实际控制该房屋及其附属设施，明知窗户玻璃一直存在问题，应当承担保障其正常使用的责任，存在过失；物业公司作为负责维护管理的责任人，也未能及时对安全隐患进行排除解决，亦存在过失。双方都存在一定过错，因此，对于原告的损失，应当共同承担赔偿责任。

主持人：《民法典》实施以后，不仅完善了高空抛物坠物治理规则，明确了责任划分，还通过“四维发力”，织密了安全保障网，全方位保障受害人的法律权益。高空抛物不仅可能引发民事纠纷，还可能会触犯《刑法》，是这样吗

吴老师：是的，对于高空抛物行为我国《刑法》也有了相关的规制。从 2021 年 3 月 1 日起《刑法修正案（十一）》生效，“高空抛物”正式入刑，从建筑物或者其他高空抛掷物品，情节

严重的，判处一年以下有期徒刑，拘役或者管制，并处或单处罚金。最高人民法院作出司法解释，对于高空抛物的不同情形，按照危害公共安全罪、故意杀人罪和故意伤害罪三个罪名进行定责。行为人故意从高空抛弃物品，虽然没有造成严重损害后果，但已经足以危害到公共安全的，应按照以危险方法危害公共安全罪定罪处罚。如果高空抛物行为是为了故意伤害某人，将按照故意伤害罪或故意杀人罪定罪处罚。高空抛物入刑加大了惩处力度，在经济赔偿的基础上增加刑事处罚，有效地加大处罚力度，用法律的手段对公民形成震慑力。

主持人：前两天看到一起案件，一名醉酒男子高空抛物，抛的还是洗手池碎片，特别危险，不仅如此还不配合警察工作，袭警，吴老师，这名男子会受到什么处罚？

吴老师：高空抛物行为危险性很大，如果足以对不特定多数人的生命、健康、财产安全造成严重威胁或严重后果，达到足以危害公共安全的程度，可能会构成危害公共安全罪以至于被追究刑事责任。同时，2021 年 3 月 1 日新实施的《刑法修正案（十一）》特别增加规定，暴力袭击正在依法执行职务的人民警察的，处 3 年以下有期徒刑、拘役或者管制；使用枪支、管制刀具，或者以驾驶机动车撞击等手段，严重危及其人身安全的，处 3 年以上 7 年以下有期徒刑。设置了比原来妨害公务罪更重的刑罚规定。

因此，阻碍或者袭击正在依法执行职务的人民警察，轻则违反《治安管理处罚法》受到行政处罚，重则构成妨害公务罪等，被追究刑事责任。

主持人：所以说，这喝酒有时候是真耽误事儿，咱们要从根本上提升自我素质，规范行为，不做高空抛物等不文明行为。

有问有答

问：一小区楼房外墙墙皮存在质量问题，已过施工单位的保修期，业主多次向物业协商维修都没有得到解决，大风天气导致10层外侧墙皮脱落砸伤行人，以下哪个主体需要对此承担侵权责任？

A. 开发商

B. 10 层住户

C. 同楼所有住户

D. 物业公司

答：答案是 D 项，物业公司。根据《建设工程质量管理条例》的规定，建设工程实行质量保修制度。建设工程在保修范围和保修期限内发生质量问题的，施工单位应当履行保修义务，并对造成的损失承担赔偿责任。如果保修期已过，根据《民法典》物权编的规定，业主对建筑物专有部分以外的共有部分享有权利，承担义务。但是，在这个例子中，业主已经将建筑物维修事项委托给了物业公司，因此，物业公司应定期对小区设备、设施等进行检查维修，物业作为管理人，因管理不善导致建筑物的外侧墙皮脱落，故应对由此造成的损失承担责任。

【法律依据】

《民法典》

第一千二百五十四条　禁止从建筑物中抛掷物品。从建筑物中抛掷物品或者从建筑物上坠落的物品造成他人损害的，由侵权人依法承担侵权责任；经调查难以确定具体侵权人的，除能够证明自己不是侵权人的外，由可能加害的建筑物使用人给予补偿。可能加害的建筑物使用人补偿后，有权向侵权人追偿。

物业服务企业等建筑物管理人应当采取必要的安全保障措施防止前款规定情形的发生；未采取必要的安全保障措施的，应当依法承担未履行安全保障义务的侵权责任。

发生本条第一款规定的情形的，公安等机关应当依法及时调查，查清责任人。

第 58 讲

如何界定交通事故中的责任

主持人：随着汽车进入千家万户，因交通事故导致的人员伤亡事件也大幅增加，“马路杀手”越来越多，种种不遵守交通法规的行为使我国每年都有数万人因交通事故而丧生。机动车交通事故，是指机动车在道路上造成人身伤亡和财产损害的事件。《民法典》以及《道路交通安全法》等相关法律和司法解释对机动车交通事故责任作出了比较科学的规定。先请吴老师介绍一下《民法典》是如何规定的？

吴老师：《民法典》侵权责任编对于“机动车交通事故责任”规定了 10 个条文，涉及租赁、借用、买卖未过户、挂靠、擅自使用他人机动车，盗抢他人机动车，好意同乘造成交通事故，以及驾驶人逃逸责任的承担等问题。比如，《民法典》第 1212 条规定，未经允许驾驶他人机动车，发生交通事故造成损害，属于该机动车一方责任的，由机动车使用人承担赔偿责任；机动车所有人、管理人对损害的发生有过错的，承担相应的赔偿责任，但是本章另有规定的除外。未经允许，是指未得到机动车所有人的许可而驾驶其所有的机动车，包括陌生人以临时借用为目的偷开他人机动车，所有人或管理人之外的其他合法占有人（如质押、修理、保管、扣押、扣留等期间）在占有期间被其他人擅自驾驶、公车私用、以暴力等强力手段临时占有使用他人机动车，以及以剥夺所有权为目的的违背占有人意志盗抢车辆，其实质是违背了占有人的意志且未得到其事后追认的对机动车的实际使用，限定了条文的适用范围。该条对擅自使用他人机动车造成交通事故情形下的责任承担等问题作出了规定。

一“点”就通 ▸▸▸ 以案释法

蒋先生在网络上结识了一位女网友，对方向他借车处理事情，蒋先生不好拒绝便答应了，结果女网友因操作不当致使车辆损坏，后期修理费用高达4万元且再次出售将影响售价。蒋先生认为，女网友应承担相应损失。

主持人：吴老师，这个责任怎么划定？

吴老师：依据《民法典》的规定，朋友间借车属于合同责任，虽然《民法典》对借用合同未明确规定，但依据一般原理，违反合同义务的一方导致车辆损失应当承担违约责任。对于车辆贬值损失的赔偿各地法院判决不一，多数法院不支持这种贬损赔偿。

主持人：如果蒋先生的这名女网友驾车撞伤他人，谁来承担机动车交通事故责任？

吴老师：根据《民法典》第1209条的规定，要由这名女网友承担责任。案例中机动车所有人、管理人与使用人分别是蒋先生与女网友，发生交通事故时，由机动车的使用人也就是女网友来承担赔偿责任。

主持人：借车无证驾驶出事故，原车主需要承担责任吗？

吴老师：借车给别人无证驾驶发生事故，若车主明知借用人没有驾照仍借给他，车主也有过错，要承担连带责任。如果借车给别人无证驾驶发生事故导致死亡，借用人无力赔偿的，即使车主没有过错，也要承担连带责任。

主持人：所以，借车要谨慎，这可真不是小事。对于正在摇号的朋友来说，在北京拥有自己的一辆车是一件大喜事，也正因为摇号难才衍生了一些不法行为，倒卖、出租车牌是不受法律保护的，是这样吧？

吴老师：倒卖车牌是违法行为，车牌属于证件，受法律保护，不能私自买卖。出租车牌实际上要承担很大的风险。因为车牌是你名下的，对方购买的车辆是以你的名义上牌的，所以法律上你是这台车的所有人。如果车辆在对方使用的过程中出现事故，那么车主也需要承担一定的责任。

主持人：《民法典》侵权责任编关于“机动车交通事故”一章有一个亮点就是规定了“好意同乘”。对于机动车使用人好心捎带朋友、同事造成交通事故的情形，《民法典》的规定是可以减责但不能免责。对于这一规定，应该如何理解？

吴老师：在“好意同乘”的情形下，搭乘者的人身、财产安全处于机动车使用人的控制范围之内，使用人应采取合理的措施保护搭乘者。如果驾驶员应当采取措施而没有采取，或者驾驶员不具备驾驶资格、有不得驾驶车辆的情况，那么即使构成“好意同乘”，驾驶员也不能减轻赔偿责任。如果是由于搭乘者存在过错造成损失应当承担侵权责任的，基于“好意同乘”应当减轻其赔偿责任。“好意同乘”构成减责事由，可以减轻机动车一方的赔偿责任，在鼓励人际友善、利他行为与法律责任承担方面寻求平衡。

有问有答

问：因租赁、借用等导致机动车的所有人、管理人与使用人不是同一人，发生交通事故造成损害时，属于机动车一方责任的，由机动车（　　）承担责任。

A. 所有人

B. 管理人

C. 使用人

答：答案是C项，使用人。根据《民法典》的规定，机动车所有人、管理人与使用人不是同一人时，发生交通事故造成损害，属于该机动车一方责任的，由机动车使用人承担赔偿责任；机动车所有人、管理人对损害的发生有过错的，承担相应的赔偿责任。

【法律依据】

《民法典》

第一千二百零八条　机动车发生交通事故造成损害的，依照道路交通安全法律和本法的有关规定承担赔偿责任。

第一千二百零九条　因租赁、借用等情形机动车所有人、管理人与使用人不是同一人时，发生交通事故造成损害，属于该机动车一方的责任的，由机动车使用人承担赔偿责任；机动车所有人、管理人对损害的发生有过错的，承担相应的赔偿责任。

第一千二百一十三条　机动车发生交通事故造成损害，属于该机动车一方责任的，先由承保机动车强制保险的保险人在强制保险责任限额范围内予以赔偿；不足部分，由承保机动车商业保险的保险人按照保险合同的约定予以赔偿；仍然不足或者没有投保机动车商业保险的，由侵权人赔偿。

第一千二百一十七条　非营运机动车发生交通事故造成无偿搭乘人损害，属于该机动车一方责任的，应当减轻其赔偿责任，但是机动车使用人有故意或者重大过失的除外。

第 59 讲

医疗损害责任，《民法典》这样说

主持人：《民法典》侵权责任编第六章“医疗损害责任”共 11 条，主要规定了医疗损害责任的归责原则、医疗机构的主要义务以及医疗机构和义务人员违反义务时应承担的侵权责任等内容。吴老师，您先来给我们讲讲在原《侵权责任法》的基础上，《民法典》有哪些调整？

吴老师：1. 将“医疗机构及其医务人员”的表述调整为“医疗机构或者其医务人员”，即无论是由医疗机构的过错还是由医务人员的过错造成患者损害的，都由医疗机构依法承担相应的侵权赔偿责任，更好地平衡了受害患者、医疗机构和医务人员三者之间的利益关系，有利于医学科学的进步以及医药卫生事业的发展。

2. 完善患者说明义务，进一步保障患者知情同意权。《民法典》第 1219 条在基本沿用《侵权责任法》第 55 条规定的基础上，对有关要求做了突出强调。一是新增有关说明义务的履行，必须是“具体说明”，即相关说明内容要针对病情，事项要具体，不宜采取笼统含糊的说明，进一步规范了说明义务。二是取得患者同意不再硬性要求是书面形式，但应当取得其“明确”同意，即此“同意”的意思表示应该是清楚明确的，有关证据证明也要达到此要求。三是将“不宜向患者说明的”修改为“不能或不宜向患者说明的”情况，应当向患者的近亲属说明，并取得其明确同意。

一“点”就通 ▸▸▸ 以案释法

邓某某因胸腰部瘢痕到某医院治疗，该院医生采取手术切除方式，在邓某某胸腰部实施手术一次，邓某某伤口愈合后出现新的瘢痕，并且新瘢痕比原瘢痕大了五倍。医生在实施手术前，未与邓某某签订手术同意书，也没有书面告知手术风险。此后，邓某某因增生性瘢痕多次到医院治疗，共支出医疗费 8000 余元。为此，邓某某将某医院诉至法院，请求判令某医院承担医疗损害赔偿责任。

法院经审理后认为，某医院医生在手术前未对邓某某进行体质检测并告知其手术风险，也未提供记录诊疗过程的证据，存在过错，故判决被告某医院向原告邓某某支付赔偿款 6000 余元。

主持人：吴老师，您能给我们分析一下吗？

吴老师：《民法典》第 1219 条对医务人员的说明义务和患者的知情同意权作出了明确规定。实践中，医务人员违反说明义务的情形主要有两种：一是违反说明义务造成患者自我决定权受损害，但未造成其人身实质性损害；二是违反说明义务造成了患者人身实质性损害。这两种情况都是因为医务人员没有尽到对患者所负的说明义务、建议义务等，侵害了患者的知情权。

本案中，被告某医院未能提供证据证明其在为邓某某实施手术前履行了说明义务，也未能提供邓某某的病历资料。因此，法院认定某医院的行为构成了对邓某某的知情同意权的损害，且对于邓某某因手术而导致身体瘢痕扩大存在过错，应依法承担与其过错程度相当的民事责任，支付邓某某后续治疗的部分费用。

主持人：作为医疗机构，都有哪些法律义务？

吴老师：医疗机构的法律义务包括：

1. 依法行医义务。

2. 规范诊疗义务。《民法典》第1222条规定，违反有关诊疗规范的规定造成患者损害的，人民法院应当推定医疗机构有过错。

3. 病历管理义务。《民法典》第1222条规定，隐匿或者拒绝提供与纠纷有关的病历资料，伪造、篡改或者销毁病历资料造成患者损害的，人民法院应当推定医疗机构有过错。

《民法典》第1225条规定，医疗机构及其医务人员应当按照规定填写并妥善保管住院志、医嘱单、检验报告、手术及麻醉记录、病理资料、护理记录、医疗费用等病历资料。患者要求查阅、复制前款规定的病历资料的，医疗机构应当及时提供。

4. 知情同意义务。《民法典》规定，医务人员在诊疗活动中应当向患者说明病情和医疗措施。需要实施手术、特殊检查、特殊治疗的，医务人员应当及时向患者说明医疗风险、替代医疗方案等情况，并取得其明确同意；不能或者不宜向患者说明的，应当向患者的近亲属说明，并取得其明确同意。医务人员未尽到上述义务，造成患者损害的，医疗机构应当承担赔偿责任。

5. 保护隐私义务。《民法典》第1226条规定，医疗机构及其医务人员应当对患者的隐私和个人信息保密。泄露患者的隐私和个人信息，或者未经患者同意公开其病历资料的，应当承担侵权责任。

6. 合理检查义务。《民法典》第 1227 条规定：医疗机构及其医务人员不得违反诊疗规范实施不必要的检查。

7. 当时水平诊疗义务。《民法典》第 1221 条规定：医务人员在诊疗活动中未尽到与当时的医疗水平相应的诊疗义务，造成患者损害的，医疗机构应当承担赔偿责任。

主持人：前几年，“医闹”频上新闻，法律上对“医闹”是什么态度呢？

吴老师：从法律层面来讲，“医闹”是一种违法行为。“医闹”，是指受雇于医疗纠纷的患者方与患者家属一起，采取各种途径以严重妨碍医疗秩序、扩大事态、给医院造成负面影响的形式给医院施加压力从中牟利的行为。《民法典》第 1228 条规定，医疗机构及其医务人员的合法权益受法律保护。干扰医疗秩序，妨碍医务人员工作、生活，侵害医务人员合法权益的，应当依法承担法律责任。根据《治安管理处罚法》的规定，医闹行为尚未造成严重损失的，处警告或者 200 元以下罚款；情节较重的，处 5 日以上 10 日以下拘留，可以并处 500 元以下罚款。更严重的可能构成聚众扰乱公共场所秩序罪，承担相应的刑事责任。

主持人：我们常说白衣天使救死扶伤，如果医护人员在街头遇到需要抢救的病人还可以出手相救吗？会不会因为没有告知病人或家属，而负法律责任？

吴老师：医护人员在街头遇到需要抢救的病人可以出手相救。《民法典》第 1220 条规定，因抢救生命垂危的患者等紧急情况，不能取得患者或者其近亲属意见的，经医疗机构负责人或者授权的负责人批准，可以立即实施相应的医疗措施。所以，当医护人员在街头遇到需要抢救的病人，不能取得患者或者其近亲属意见的，可以不承担法律责任。

有问有答

问：医务人员在诊断治疗活动中应当尽到什么样的义务才算合格？（　　）

A. 与医疗行为发生时的医疗水平相应的诊疗义务

B. 与提出投诉时的医疗水平相应的诊疗义务

C. 与医疗纠纷解决时的医疗水平相应的诊疗义务

答：正确答案是A项，与医疗行为发生时的医疗水平相应的诊疗义务。《民法典》第1221条是关于诊疗活动中医务人员过错的界定的规定，医务人员在诊疗活动中未尽到与当时的医疗水平相应的诊疗义务，造成患者损害的，医疗机构应当承担赔偿责任。

根据该规定，认定医疗技术过失的注意义务应当以当时的医疗水平为标准确定。

【法律依据】

《民法典》

第一千二百一十九条　医务人员在诊疗活动中应当向患者说明病情和医疗措施。需要实施手术、特殊检查、特殊治疗的，医务人员应当及时向患者具体说明医疗风险、替代医疗方案等情况，并取得其明确同意；不能或者不宜向患者说明的，应当向患者的近亲属说明，并取得其明确同意。

医务人员未尽到前款义务，造成患者损害的，医疗机构应当承担赔偿责任。

第60讲

父母离异，能逃避监护人责任吗

主持人：《民法典》侵权责任编的第三部分是关于“责任主体的特殊规定”，吴老师，请先来简单介绍一下第三部分的规定。

吴老师：“责任主体的特殊规定”，主要规定了监护人责任，监护人与受托人责任，完全民事行为能力人暂时丧失意识的责任，用人单位及其工作人员责任，个人劳务关系中的责任，承揽人与定作人责任，网络用户与服务提供者责任，经营场所、公共场所的经营者与管理者以群众性活动的组织者责任，教育机构责任。

主持人：父母是未成年人的监护人，对于未成年的人身、财产安全都承担监督保护的责任，是守护未成年人的第一道防线。如果未成年人犯错，其监护人是否应该担责呢？

吴老师：是的，父母对未成年子女负有法定的抚养、教育和保护的义务，不但要保护子女健康成长，更应担负起家庭教导的重要责任，积极引导，及时纠正不良行为。在民法上，不满8周岁的未成年人为无民事行为能力人，8周岁以上的未成年人为限制民事行为能力人。无民事行为能力人、限制民事行为能力人造成他人损害的，由监护人承担侵权责任。监护人尽到监护职责的，可以减轻其侵权责任。《民法典》的这一规定就凸显了监护职责的重要性，促使监护人真正重视起、担负起家庭教育的义务，使监护不缺位、成长不缺席。

主持人：在生活中，有很多工作繁忙的朋友会雇用保姆来照看孩子，如果在保姆照顾期间，父母并不在身边，孩子犯下错误，责任谁来担？

吴老师：《民法典》第1189条规定，无民事行为能力人、限制民事行为能力人造成他人损害，监护人将监护职责委托给他人的，监护人应当承担侵权责任；受托人有过错的，承担相应的责任。

因此，父母作为监护人首先应当承担侵权责任，而此时由于有雇佣合同在，保姆作为受托人具有了对孩子的监护保护义务，如果其对损害结果存在故意或过失，也需要承担相应的责任。这有助于增强受托人切实履行义务的意识，避免因受托人消极履职而导致侵权行为的发生。

一“点”就通 ››› 以案释法

2020年5月，初一学生小张驾驶一辆无号牌两轮摩托车，与行人刘某相撞，造成刘某受伤，车辆损坏。事发后，刘某被送至医院进行救治，诊断为骨折，住院治疗21天。2020年6月，当地公安局交通警察管理大队对此事故进行责任认定，小张负事故的全部责任。小张父母离异，抚养权由父亲大张获得，但小张实际上跟随母亲李某共同生活。

刘某就损失赔偿一事，与小张父母反复协商无果，故刘某将小张父母均作为被告诉至法院。法院认为，公民的身体健康权受法律保护，公民的身体健康权受到损害应依法获得赔偿。本案中，刘某因小张的侵权行为而骨折，小张现为初中在校学生，属于限制民事行为能力人，应当由其监护人承担赔偿责任。小张父母离异，归其父亲大张抚养，但从发生事故的时间至本案诉讼期间，小张一直与其母亲李某共同生活，所以大张和李某实际上分别负有对小张的监护义务。根据《民法典》的相关规定，监护人未尽到监护职责，应承担侵权赔偿责任，故判决由大张与李某依离婚协议承担连带赔偿责任。

主持人：吴老师，请您来分析一下。

吴老师：《民法典》第27条第1款规定，“父母是未成年子女的监护人”。父母对未成年子女负有抚养、教育和保护的权利和义务。虽然在现实生活中父母会因感情不和、信任危机等问题离异，然而对于未成年子女的监护职责和义务并不能因父母离异而被忽略和逃避。在我国关于监护制度的法律规定中，离婚并非父母任意一方与子女监护关系终止的事由，也不影响任何一方的监护人资格。所以，父母离婚后，仍然都是子女的监护人。《民法典》第1084条规定：“父母与子女间的关系，不因父母离婚而消除。离婚后，子女无论由父或者母直接抚养，仍是父母双方的子女。离婚后，父母对于子女仍有抚养、教育和保护的权利和义务。”

根据《民法典》的相关规定，无民事行为能力人、限制民事行为能力人造成他人损害的，由监护人承担侵权责任。监护人尽到监护职责的，可以减轻其侵权责任。有财产的无民事行为能力人、限制民事行为能力人造成他人损害的，从本人财产中支付赔偿费用；不足部分，由监护人赔偿。因此，如果监护人对被监护人疏于监护，致使未成年子女实施侵权行为造成他人损害，应当承担责任，并且该责任应属于无过错责任。即使监护人尽到了监护责任，也只能减轻责任，而不能免责。

法律的这项规定既体现了对未成年人的保护，也促使父母真正重视起家庭责任，承担监护义务。在现实生活中可以看到不少由于父母离婚或者一方缺席导致对子女疏于管教，从而冲突不断，不仅不利于未年成人的健康成长，也不利于亲情的维护，甚至带来一系列社会问题。在司法实践中，对于父母双方责任划分的问题，需要考虑双方对子女实施管教的不同情况。本案中，小张的抚养权归父亲，但小张事实上一直和母亲在一起生活，小张的父母离婚不影响监护义务的承担，双方均应对其未尽到监护职责所导致的侵权损害承担连带赔偿责任。

主持人：其实，父母离异对孩子的伤害还是蛮大的，在您接触过的未成年案例当中，有没有不合格的监护人?

吴老师：为人父母，在现如今已经是一个十分重要的课题了，我见过有的父母对孩子听之任之，到最后变成管不了也管不好，给家人和他人都带来了伤害，其原因就是监护缺失、教育无力。我们现在讲家庭建设、家风建设，因为它不仅关系到孩子的健康发展，更是社会和谐的重要基点。一定要重视起我们作为父母的责任，为人父母也不是生而知之，是学而知之，学好我们的法定义务，学好、传导好优良家风，扣好孩子人生的第一颗扣子。

主持人：都说父母是子女前半生唯一的观众，孩子是父母后半生唯一的观众，作为父母，我们要尽到对未成年人子女的监护义务，子女也要积极爱护、关心父母，即使父母离异，但血浓于水，亲情依旧不变。

有问有答

问：无民事行为能力人、限制民事行为能力人造成他人损害的，由监护人承担侵权责任。监护人尽到监护责任的，（　　）。

A. 应当减轻其侵权责任

B. 酌情减轻其侵权责任

C. 可以减轻其侵权责任

D. 不承担侵权责任

答：正确答案是C项，可以减轻其侵权责任。

【法律依据】

《民法典》

第一千一百八十八条　无民事行为能力人、限制民事行为能力人造成他人损害的，由监护人承担侵权责任。监护人尽到监护职责的，可以减轻其侵权责任。

有财产的无民事行为能力人、限制民事行为能力人造成他人损害的，从本人财产中支付赔偿费用；不足部分，由监护人赔偿。

第 61 讲

产品有缺陷，谁来担责

主持人：《民法典》侵权责任编第 4 章共 6 条，主要规定了当产品存在缺陷造成他人损害时，产品的生产者、销售者、运输者、仓储者及第三人等如何承担侵权责任。吴老师，先来简单给我们介绍一下“产品责任”这一章吧。

吴老师：“产品责任”一章明确了被侵权人的索赔途径以及先行赔偿人的追偿权。对已投入市场流通的产品，在发现产品存在缺陷后，产品的生产者、销售者应立即采取警示、召回等补救措施。此外，这一章完善了故意生产、销售缺陷产品造成他人死亡或健康严重受损的，被侵权人可主张惩罚性赔偿的规定。

主持人：产品责任主要是产品存在的缺陷引起的，那什么是“缺陷”？法律是怎么规定的？

吴老师：参照《产品质量法》的规定，缺陷是指产品存在危及人身、财产安全的不合理的危险；产品是有保障人体健康和人身、财产安全的国家标准、行业标准的，产品缺陷是指不符合该标准。

主持人：没错，就好比现在，家家都有电视机。但是，一台电视机在摆到家里之前，经过了若干环节，从厂家生产到运输流通，再进入商场销售，最终才到我们手中。如果这台电视机买回来后，因产品缺陷，画面不清晰、有噪音，最后发生了爆炸等，不仅影响观看效果，而且造成了人身损害，我们应该是找卖家还是厂家来赔偿？

吴老师：按照《民法典》的有关规定，如果因产品存在缺陷造成损害的，被侵权人可以向产品的生产者请求赔偿，也可以向产品的销售者请求赔偿。

《民法典》的这项规定给予了消费者起诉的选择权，有助于降低追偿的难度。此外，根据产品责任纠纷的无过错原则，受害人是不必证明产品制造者或者销售者的过错的，这样就减轻了受害人的举证负担。

至于产品缺陷是由生产者还是由销售者造成，双方在履行赔偿后，存在追偿问题。如果产品缺陷是由生产者造成的，销售者赔偿后，有权向生产者追偿。如果因销售者的过错使产品存在缺陷的，生产者赔偿后，有权向销售者追偿。

一“点”就通 ›››以案释法

2017 年，甲公司租赁了某机械厂的厂房用于经营。2018 年，甲公司与乙公司签订《电（扶）梯设备销售及安装合同》，约定购买乙公司电梯一台，合同总价为 92,000 元。2018 年，乙公司完成电梯的安装，并向其提供《特种设备安装改造维修告知单》，但告知单中未填写“经安全监察机构进行监督检验”。同年，乙公司将电梯相关资料、文件及两把钥匙交付给甲公司，在涉案电梯未取得监督检验合格报告的情况下，甲公司就开始使用该电梯。2019 年，甲公司因经营不善搬离租赁厂房。

同年 4 月，市场监督管理局在对涉案厂房进行现场检查时，发现一台正在使用的乘客电梯未能提供有效监督检验合格证书，存在涉嫌使用未经监督检验合格电梯的违法行为，遂对该电梯予以查封并立案。市场监督管理局作出《行政处罚决定书》，对甲公司罚款100,000元，限期缴纳。同日，市场监督管理局认为乙公司虽向检验机构申请安装监督检验，但在未取得电梯安装监督检验合格报告的情况下，将电梯相关技术资料、文件及两把钥匙交付给甲公司使用，在长达半年多的使用期间内，未作出限制该电梯使用的相关行为，亦对其作出《行政处罚决定书》，对乙公司罚款138,000元、没收违法所得4700元。

甲公司认为其在不知情的情况下使用了交付后的电梯并无不当，是乙公司未履行自己的职责，并交付给甲公司投入使用，应该由乙公司承担责任。甲公司为了维护自己的合法权益，将乙公司诉至法院。

主持人：吴老师，这个案件请您来解读一下。

吴老师：本案中乙公司在尚未取得安装监督检验合格报告的情况下就将电梯销售并交付使用，属于明知存在一定的产品缺陷风险的情形，然而，乙公司在《告知单》中并未告知这一点。《消费者权益保护法》对此有规定，经营者应当保证其提供的商品或者服务符合保障人身、财产安全的要求。对可能危及人身、财产安全的商品和服务，应当向消费者作出真实的说明和明确的警示。乙公司对此是负有告知、警示义务的。《民法典》对于适用惩罚性赔偿情形的规定也体现了这一点，那就是产品投入流通后发现存在缺陷的，生产者、销售者应当及时采取停止销售、警示、召回等补救措施；未及时采取补救措施或者补救措施不力造成损害扩大的，对扩大的损害也应当承担侵权责任。《民法典》

进一步规定，明知产品存在缺陷仍然生产、销售，或者没有依据前条规定采取有效补救措施，造成他人死亡或者健康严重损害的，被侵权人有权请求相应的惩罚性赔偿。此外，还把被采取召回措施的被侵权人的必要支出纳入了生产销售者承担的赔偿范围。通过使其承担更重的赔偿责任，从立法上有效震慑不法商家，遏制此类违法行为的发生，强化了生产者、销售者的产品安全责任义务，促使他们自觉加强售后服务，更好地维护我们消费者的合法权益。

主持人：生产者、销售者怠于行使缺陷产品的警示、召回等义务，需要承担相应侵权责任。在生活中，购物方式越来越多，我们极有可能购买到有缺陷的产品，那么由谁来承担召回费用？

吴老师：应当由生产者、销售者来负担被侵权人因此支出的必要费用。

主持人：如果买到缺陷产品，我可以要求赔偿吗？需要满足什么条件？

吴老师：可以。我们可以向法院起诉要求侵权人承担侵权赔偿责任，根据无过错原则，只需要举证被侵权人购买使用了该产品，该产品存在缺陷，被侵权人受到的伤害是由于使用了缺陷产品造成的即可。

有问有答

问：明知产品存在缺陷仍然生产、销售，造成他人死亡或者健康严重损害的，被侵权人有权请求相应的（　　）赔偿。

A. 补偿性　　B. 惩戒性

C. 赔偿性　　D. 惩罚性

答：正确答案是D项。惩罚性赔偿，是指作为惩罚被告的一种方式而给予原告的超过其实际损失的损害赔偿金。

【法律依据】

《民法典》

第一千二百零六条 产品投入流通后发现存在缺陷的，生产者、销售者应当及时采取停止销售、警示、召回等补救措施；未及时采取补救措施或者补救措施不力造成损害扩大的，对扩大的损害也应当承担侵权责任。

依据前款规定采取召回措施的，生产者、销售者应当负担被侵权人因此支出的必要费用。

第 62 讲

污染和破坏环境，如何担责

主持人：《民法典》侵权责任编第 7 章“环境污染和生态破坏责任”共 7 条：前 5 条是对环境公益侵权责任的规定，属于一般规定；后 2 条是对环境公益侵权责任的规定，属于特别规定。该编第七章虽然只有 7 条，但内容丰富，彰显了时代特色和实践特色，是我国《民法典》的一大亮点。吴老师，请您为我们简单介绍一下。

吴老师：《民法典》侵权责任编第 7 章一是将章名由“环境污染责任”改为“环境污染和生态破坏责任”，扩大了环境侵权原因行为的范围。该章中的规定，不仅设置了污染环境造成他人损害的责任，而且对破坏生态造成他人损害以及生态环境损害的责任作出了细致的规定。二是增加了新的内容。在《侵权责任法》4 个条文的基础上，以第 1229 ~ 1235 条 7 个条文规定“环境污染和生态破坏责任”。一方面，保留了《侵权责任法》规定的举证责任倒置，数人侵权的责任分担，第三人过错不能免责（第 1230、1231、1233 条）等条款；另一方面，增加了环境污染惩罚性赔偿、生态破坏责任的规定。

《民法典》侵权责任编使环境侵权责任理念、责任范围、责任方式、责任程度等方面均有“升级”。

主持人：您刚刚提到了一个“第三人过错”，这是什么意思？

吴老师：这里的第三人是指被侵权人和污染者之外的第三人，即第三人不属于被侵权人和污染者一方，第三人与被侵权人和污染者之间不存在法律上的隶属关系，如雇佣关系。比如说，某个上游工厂从事油污生意，油罐阀门被第三人打开，导致下游一家养鱼场受到污染。这种情况下，油污工厂作为侵权人，即使因第三人的过错造成他人损失，也不能免责。被侵权人可以向侵权人请求赔偿，也可以向第三人请求赔偿。侵权人赔偿后，有权向第三人追偿。

一“点”就通 以案释法

2018年上半年，董某某等人在长江干流水域使用禁用渔具捕捞长江鳗鱼苗并出售谋利。王某某等收购者明知长江鳗鱼苗系非法捕捞所得，却依然单独收购或者通过签订合伙协议、共同出资等方式建立收购鳗鱼苗的合伙组织，共同出资收购并统一对外出售，均分获利。秦某某在明知王某某等人向其出售的鳗鱼苗系在长江中非法捕捞的情况下，仍多次予以收购。2019年7月，泰州市人民检察院向南京市中级人民法院提起民事公益诉讼称：被告王某某等59人实施的非法捕捞、贩卖和收购长江鳗鱼苗的行为，严重侵害了长江鳗鱼资源和其他生态资源，造成长江渔业资源和其他生态资源的严重损害，致使生物多样性减少，损害了社会公共利益，请求判令王某某、董某某、秦某某等59人对所造成的生态资源损害结果承担连带赔偿责任。

南京市中级人民法院一审判决王某某等13名非法收购者对

其非法买卖鳗鱼苗所造成的生态资源损失连带赔偿850余万元；秦某某、董某某等其他收购者、捕捞者根据其参与非法买卖或捕捞的鳗鱼苗数量，承担相应赔偿责任或与直接收购者承担连带赔偿责任。王某某等11人不服一审判决提起上诉，江苏省高级人民法院审理后，依法维持原判。

主持人：吴老师，请您来解读一下这个案例。

吴老师：本案是一起环境公益诉讼案件，属于刑事附带民事公益诉讼。被告王某某等人违反水产资源保护法规，在长江禁渔区非法捕捞、贩卖具有重要经济价值的鳗鱼苗，对长江渔业资源和生态环境造成了严重破坏，其行为已经触犯了《刑法》，构成非法捕捞水产品罪。在依照《刑法》有关规定对犯罪分子追究刑事责任的同时，还要开展公益诉讼，《民法典》关于生态环境修复责任和生态环境公益诉讼、生态环境损害赔偿诉讼的规定，为生态破坏侵权责任提供了更完善的法律依据。通过刑事检察与公益诉讼检察的衔接协同，形成了追责合力，同时实现了对环境污染者的刑事责任和环境损害赔偿责任的追究。

主持人：对于实施污染环境、破坏生态的行为，侵权人应当承担什么责任？

吴老师：首先明确，污染环境、破坏生态造成他人损害的，侵权人应当承担侵权责任。

侵权人就法律规定的不承担责任或者减轻责任的情形及其行为与损害之间不存在因果关系承担举证责任。

如果侵权人违反法律规定故意污染环境、破坏生态造成严重后果的，还应承担相应的惩罚性赔偿。

此外，按照《民法典》的规定，对于造成生态环境损害，而生态环境能够修复的，经国家规定的机关或者法律规定的组织请求，侵权人还应在合理期限内承担修复责任，如果在合理期限内侵权人没有修复，有关机关可以自行或者委托他人进行修复，所需费用由侵权人负担。

主持人：这里面有一条“环境修复责任”，这个怎么来理解呢？

吴老师：党的十八大以来，国家明确提出要树立绿色发展理念，推进生态文明建设，加强生态环境修复治理，《民法典》在侵权责任编增加了生态破坏修复责任，不仅是对环境法治体系的完善，也是国家环境治理能力现代化的标志。

主持人：爱护生态环境是每一位公民的责任和义务，希望我们的家园越来越美好。

有问有答

问：在涉及环境污染和生态破坏的公益诉讼中，国家机关是否有权请求侵权人承担生态环境损害调查、鉴定评估等费用？

答：有权。除此之外，国家机关还有权请求侵权人赔偿下列损失：

（1）生态环境受到损害至修复完成期间服务功能丧失导致的损失；

（2）生态环境功能永久性损害造成的损失；

（3）清除污染、修复生态环境费用；

（4）防止损害的发生和扩大所支出的合理费用。

【法律依据】

《民法典》

第一千二百二十九条　因污染环境、破坏生态造成他人损害的，侵权人应当承担侵权责任。

第 63 讲

高度危险致害，如何担责

主持人：《民法典》侵权责任编第 8 章给高危责任纠纷提供了可靠依据，吴老师，请简单带我们来了解一下这一章的内容。

吴老师：高度危险责任一章主要规定了一些伴随严重的人身、财产损害的高度危险行为及其侵权责任。相比《侵权责任法》，《民法典》在高度危险物品的范围中增加了强腐蚀性、高致病性物品；在核材料、核设施的免责原因中明确了武装冲突及暴乱免责；增加了规定运入运出核设施的核材料造成他人损害的由民用核设施的营运单位承担责任；在承担高度危险责任的法定赔偿限额中增加了例外规定，行为人有故意或者重大过失的除外。

主持人：我看现在好多人在玩航拍器，如果这个航拍器掉落造成损害，航拍器所有人需要承担责任吗？

吴老师：《民法典》规定，民用航空器造成他人损害的，民用航空器的经营者应当承担侵权责任；但能够证明损害是因受害人故意造成的，不承担责任。这里的“民用航空器造成他人损害”主要包括两种情况：一种情况是民用航空器在从事旅客、货物运输过程中，对所载运的旅客、货物造成的损害。而另一种情况是民用航空器对地面第三人的人身、财产造成的损害。这里的

“民用航空器经营者”主要包括从事旅客、货物运输的承运人和从事通用航空服务的民用航空器使用人。也就是说，如果在从事工业、农业、林业、渔业和建筑业的作业飞行以及医疗卫生、抢险救灾、气象探测、海洋监测、科学实验、教育训练、文化体育等方面的飞行活动时，航空器发生坠落，对他人造成损害，使用人应当承担侵权责任。

民用航空器作为一个新兴领域，发展态势和增速是不容忽视的，目前它的应用形态十分多样，越来越多的人开始接触无人机，但要注意驾驶操控无人机是有严格规定的，全国各地也都纷纷出台了有关“低慢小”航空器的管理政策，根据规格标准不同，使用无人机需要取得驾驶执照或者在民用航空局系统进行实名登记，禁止在禁飞区飞行，飞行计划需要提前申报，取得相关部门批准，等等，飞行爱好者应当严格遵守有关规定，杜绝违规飞行。

一“点”就通 ››› 以案释法

某公司发现其经营的农业产业园区内出现了塌陷，某煤矿向农业园区发出撤离通知。后农业园区塌陷程度愈发严重，园内温室大棚、管理用房、树木等损毁倒塌。因地面塌陷进一步扩大，农业园区停建停产，项目整体报废。经查，某煤矿系某环能公司的分公司。为维护权益，某公司以某煤矿和某环能公司为被告，向省高级人民法院提起诉讼，请求被告承担侵权责任，赔偿农业园区损失。省高级人民法院受理该案后委托专业机构对园区塌陷原因进行鉴定，鉴定意见为：农业园区土地塌陷与某煤矿地下采煤存在直接因果关系。故一审法院判决某煤矿赔偿某公司因土地塌陷造成的损失等共计2.6亿余元，某环能公司承担连带赔偿责任。

一审宣判后，原被告均向最高人民法院提起上诉。最高人民法院二审判决某煤矿向某公司赔偿各项损失共计2.7亿余元，某环能公司承担连带赔偿责任。

主持人：吴老师，请您来分析一下。

吴老师：《民法典》规定，从事高空、高压、地下挖掘活动或者使用高速轨道运输工具造成他人损害的，经营者应当承担侵权责任。本案适用无过错原则，农业园区只需证明某煤矿从事高度危险的地下开采作业，造成农业园区大面积塌陷，停产停业，对其经济效益造成严重影响、财产损失的损害结果，以及开采行为与损害结果之间具有因果关系即可。本条还规定有免责和减轻责任事由，但本案中煤矿不能够证明损害是因农业园区故意或者不可抗力造成的，也不能证明农业园区对损害的发生有重大过失，所以某煤矿作为经营者应当承担侵权责任。而某环能公司作为某煤矿的总公司，某煤矿的财产属于其资产范围，应对其分公司的侵权行为承担连带赔偿责任。

主持人：连带赔偿责任怎么理解？

吴老师：连带赔偿责任，是指各个责任人对外都不分份额、不分先后次序地根据权利人的请求承担责任。在权利人提出请求时，各个责任人不得以超过自己应承担的部分为由而拒绝。例如，在刚才的案件中，二审判决某煤矿向农业园区赔偿各项损失共计2.7亿余元，某环能公司承担连带赔偿责任，农业园区可以要求环能公司承担全部赔偿数额，也可以要求其承担部分赔偿数额。

主持人：那么，从事高空作业，如果被侵权人对损害的发生有过错的，能否减轻经营者的责任？

吴老师：《民法典》规定，能够证明损害是因受害人故意或者不可抗力造成的，不承担责任。被侵权人对损害的发生有重大过失的，可以减轻经营者的责任。所以，如果侵权人能够证明被侵权人对损害后果存在故意或重大过失，是可以免除或减轻责任的。

主持人：我之前看到这样的新闻，有人横穿高铁轨道酿成惨剧，高铁站需要担责吗？

吴老师：高铁轨道是高度危险活动区域，在一般人看来都是禁止翻越的，我们从条文中可以看到，未经许可进入高度危险活动区域或者高度危险物存放区域受到损害，管理人能够证明已经采取足够安全措施并尽到充分警示义务的，可以减轻或者不承担责任。这里的“未经许可”表明行为人是存在一定的过错的，所以，如果高铁站确实尽到安全警示义务，如设立围栏和提示标牌等，就能够减轻责任或免责。

主持人：高度危险责任赔偿限额应该怎么理解？

吴老师：承担高度危险责任，法律规定赔偿限额的，依照其规定，比如，国务院《关于核事故损害赔偿责任问题的批复》《铁路交通事故应急救援和调查处理条例》以及国务院《国内航空运输承运人赔偿责任限额规定》等法规都有规定。另外，《民法典》新增加了一条例外规定，但是行为人有故意或者重大过失的除外。也就是说，如果有关责任人对于损害的发生存在重大过失或者故意，则不受赔偿限额的限制，即受害人可以要求全额赔偿。

主持人：好的，感谢您的解读。万事安全放在第一位，千万不要存有侥幸的心理。

有问有答

问：非法占有高度危险物造成他人损害，所有人、管理人如果能够证明对防止非法占有尽到高度注意义务的，可以免责，是否正确？

答：正确。《民法典》第1242条规定，非法占有高度危险物造成他人损害的，由非法占有人承担侵权责任。所有人、管理人不能证明对防止非法占有尽到高度注意义务的，与非法占有人承担连带责任。《民法典》第1243条规定，未经许可进入高度危险活动区域或者高度危险物存放区域受到损害，管理人能够证明已经采取足够安全措施并尽到充分警示义务的，可以减轻或者不承担责任。根据法律规定，如所有人、管理人能够证明对防止非法占有尽到高度注意义务的，可以免责。

【法律依据】

《民法典》

第一千二百四十条 从事高空、高压、地下挖掘活动或者使用高速轨道运输工具造成他人损害的，经营者应当承担侵权责任；但是，能够证明损害是因受害人故意或者不可抗力造成的，不承担责任。被侵权人对损害的发生有重大过失的，可以减轻经营者的责任。

第八章

最 终 编

第 64 讲

买买买，你可得注意啦

主持人：一到年底，各大电商平台促销大幕就陆续拉开，消费者狂欢购物模式也随之开启。满减红包有隐性门槛、秒杀价与结算价不一致谁来负责，快递未保价损毁怎么办……这些在网络购物中极有可能遇到的问题，《民法典》都给出了答案。吴老师，《民法典》中的哪些规定保障了消费者权益？

吴老师：《民法典》第 506 条规定，合同中约定对损害消费者生命健康权免责的条款直接归于无效。《民法典》第 1034 条规定自然人的个人信息受法律保护，本条与《消费者权益保护法》的个人信息的规定相比，扩大了对个人信息的保护范围。《民法典》第 1037 条和第 1038 条在《消费者权益保护法》第 29 条的基础上，增加了对于个人信息被侵害的行为，个人可以以违约、违法等理由主张信息收集者删除个人信息的规定。

主持人：今天我也整理了一些相关的案例，吴老师也请您来逐一分析一下。下面我们先来了解电子优惠券使用的隐性门槛的相关问题。孙某在某电商平台组织的活动中使用 19,999 超级币抢购了一张某店铺满 299 元减 299 元优惠券，使用过程中被告知仅适用店铺内两件固定尺码的短袖。孙某认为平台存在欺诈消费者的行为，故诉至法院要求平台退还 299 元的优惠券，并向其支付惩罚性赔偿897元，电商平台认为自己不存在欺诈行为，其优惠券价值也不能等同于标注价值。吴老师您怎么看？

吴老师：本案中涉案优惠券有以下特点：（1）“优惠券”不能提取变现；（2）“优惠券”指定了店铺和商品；（3）“优惠券”不具有流通性。本案中的优惠券并未提前标注使用的限制条件，从“满299减299”可以看出，优惠券的最高优惠金额为299元，故应按照299元的标准认定本案的优惠券价值。

主持人：如果秒杀价与结算价不一致，商家是否构成欺诈？

吴老师：一方以欺诈手段，使对方在违背真实意思的情况下实施的民事法律行为，受欺诈方有权请求人民法院或者仲裁机构予以撤销。故民事欺诈行为，除了考虑客观行为外，还需考虑商家是否存在告知虚假信息的主观故意，需结合客观行为分析商家实施行为时的主观状态。

主持人：我算是有很多网购经验的了，但之前也吃了亏，我明明买的是A产品，但给我寄来的是B产品，商家还不给退，那时候不懂法律，就不了了之了。吴老师，对于这样的情况，《民法典》是如何保护我们权益的？

吴老师：当事人采用信件、数据电文等形式订立合同要求签订确认书的，签订确认书时合同成立。当事人一方通过互联网等信息网络发布的商品或者服务信息符合要约条件的，对方选择该商品或者服务并提交订单成功时合同成立，但是当事人另有约定的除外。消费者购买下单的时候，合同就已经成立了，如商家发错货，可以根据《民法典》第583条“当事人一方不履行合同义务或者履行合同义务不符合约定的，在履行义务或者采取补救措施后，对方还有其他损失的，应当赔偿损失”的规定来维护自己的权益。

主持人：买买买过后就是收收收，近年来，快递损毁、丢失的现象屡屡发生，遇到这种问题该怎么办？《民法典》有什么相关规定吗？

吴老师：根据《民法典》的规定，通过互联网等信息网络订立的电子合同的标的为交付商品并采用快递物流方式交付的，收货人的签收时间为交付时间。《民法典》中还有规定：标的物毁损、灭失的风险，在标的物交付之前由出卖人承担，交付之后由买受人承担，但是法律另有规定或者当事人另有约定的除外。根据法律规定，在签收快递之前，快递过程中商品损毁、灭失的风险都由商家承担，如遇到快递损毁、丢失的情况，可以及时联系卖家，要求重新发货或者赔偿已经支付的价款。

主持人：最近我看到一个案例：高女士通过某快递公司邮寄翡翠指环，运至目的地后发现指环有损坏。高女士诉至法院，要求快递公司赔偿指环价格 8500 元、退还快递费 23 元。快递公司抗辩称，高女士没有进行保价，也没有声明是贵重物品，按合同约定，应赔偿金额为运费的 7 倍。

法院经审理认为，高女士曾使用过该快递公司保价服务，知晓保价服务存在，明知涉案指环属于易损物品，但未选择保价服务，也没有声明指环的价值，故对物品损毁负有一定责任。快递公司揽收涉案指环时，未尽到安全检查与验视义务，也没有进行加固包装和安全运输，导致指环损毁，存在重大过失，应承担相应赔偿责任。法院一审判决快递公司赔偿 2500 元、退还快递费 23 元。高女士不服判决提起上诉，二审判决驳回上诉，维持原判。

吴老师，对于这种没有保价出现损毁的情况，《民法典》有什么规定？

吴老师：按照《民法典》的规定：有下列情形之一的，该格式条款无效：（1）具有本法第1编第6章第3节和本法第506条规定的无效情形；（2）提供格式条款一方不合理地免除或者减轻其责任、加重对方责任、限制对方主要权利；（3）提供格式条款一方排除对方主要权利。合同中的下列免责条款无效：（1）造成对方人身损害的；（2）因故意或者重大过失造成对方财产损失的。当事人都违反合同的，应当各自承担相应的责任。快递公司应当履行提示或者说明义务，格式条款的内容也不能不合理地免除或者减轻其责任、加重对方责任、限制对方主要权利。在快递公司因自身重大过失导致货物毁损的情况下，合同免责条款无效，其仍应承担相应的赔偿责任。如果客户自身对损失发生有过错，可以减少快递公司相应的赔偿额。当事人一方违约造成对方损失，对方对损失的发生有过错的，可以减少相应的损失赔偿额。

主持人：如果我快递一部手机，没有保价，运输过程中不见了，这种情况谁来担责？

吴老师：快递运输过程中货物不见了，由承运人承担责任。根据《民法典》的相关规定，承运人对运输过程中货物的毁损、灭失承担赔偿责任。但是，承运人证明货物的毁损、灭失是因不可抗力、货物本身的自然性质或者合理损耗以及托运人、收货人的过错造成的，不承担赔偿责任。

主持人：吴老师，在网购过程中，还有哪些比较常见的纠纷？

吴老师：现在很多商家会有商品的预售行为，可以在预售环节支付定金，但有些人存在这样的疑问：如果商品在预售时付了定金，错过了付尾款的时间，定金还能退吗？没有支付尾款，定金是不能退的。根据《民法典》的相关规定，给付定金的一方不履行债务或者履行债务不符合约定，致使不能实现合同目的的，无权请求返还定金。消费者在网络提交订单后，合同即成立。合同成立后，消费者的义务为按时付款。若消费者在支付定金后未能支付尾款，即未能履行付款的义务，会导致合同无法履行，构成违约，消费者则无权请求返还定金。

【法律依据】

《民法典》

第一百四十八条　一方以欺诈手段，使对方在违背真实意思的情况下实施的民事法律行为，受欺诈方有权请求人民法院或者仲裁机构予以撤销。

第四百九十一条　当事人采用信件、数据电文等形式订立合同要求签订确认书的，签订确认书时合同成立。

当事人一方通过互联网等信息网络发布的商品或者服务信息符合要约条件的，对方选择该商品或者服务并提交订单成功时合同成立，但是当事人另有约定的除外。

第四百九十六条　格式条款是当事人为了重复使用而预先拟定，并在订立合同时未与对方协商的条款。

采用格式条款订立合同的，提供格式条款的一方应当遵循公平原则确定当事人之间的权利和义务，并采取合理的方式提示对方注意免除或者减轻其责任等与对方有重大利害关系的条款，按照对方的要求，对该条款予以说明。提供格式条款的一方未履行提示或者说明义务，致使对方没有注意或者理解与其有重大利害关系的条款的，对方可以主张该条款不成为合同的内容。

第四百九十七条　有下列情形之一的，该格式条款无效：

（一）具有本法第一编第六章第三节和本法第五百零六条规定的无效情形；

（二）提供格式条款一方不合理地免除或者减轻其责任、加重对方责任、限制对方主要权利；

（三）提供格式条款一方排除对方主要权利。

第五百零六条　合同中的下列免责条款无效：

（一）造成对方人身损害的；

（二）因故意或者重大过失造成对方财产损失的。

第五百八十七条　债务人履行债务的，定金应当抵作价款或者收回。给付定金的一方不履行债务或者履行债务不符合约定，致使不能实现合同目的的，无权请求返还定金；收受定金的一方不履行债务或者履行债务不符合约定，致使不能实现合同目的的，应当双倍返还定金。

第五百九十二条　当事人都违反合同的，应当各自承担相应的责任。

当事人一方违约造成对方损失，对方对损失的发生有过错的，可以减少相应的损失赔偿额。

第六百零四条　标的物毁损、灭失的风险，在标的物交付之前由出卖人承担，交付之后由买受人承担，但是法律另有规定或者当事人另有约定的除外。

第八百三十二条　承运人对运输过程中货物的毁损、灭失承担赔偿责任。但是，承运人证明货物的毁损、灭失是因不可抗力、货物本身的自然性质或者合理损耗以及托运人、收货人的过错造成的，不承担赔偿责任。

第一千零三十四条第一款　自然人的个人信息受法律保护。……

第65讲

婚姻里的那些事儿

主持人： 吴老师，请您先简单介绍一下《民法典》中婚姻家庭编的立法目的。

吴老师： 好的。《民法典》婚姻家庭编主要有以下立法目的：（1）把婚姻自主权交给婚姻当事人；（2）希望婚姻当事人合理运用知情同意权；（3）如果婚姻中有一方隐瞒自身患有重大疾病的，可以撤销婚姻关系，保护另一方当事人。

主持人： 遭遇家暴离婚，是否还需要“离婚冷静期”？

吴老师： 家庭暴力问题不适用于行政登记离婚的“离婚冷静期”，但如果受到家庭暴力的一方仍想通过行政登记离婚的方式结束婚姻，受害人可以向法院申请人身保护令，避免自己在“离婚冷静期”内再遭到家庭暴力。

主持人： 吴老师，《民法典》中婚姻家庭编中的可撤销婚姻的补偿都包括什么？

吴老师： 可撤销婚姻的补偿主要分为两方面：一方面，是直接物质损失，如婚姻关系存续期间治病的费用、辞退工作或旷工期间的经济损失。另一方面，是精神损失，法院判决撤销婚姻后，女方再婚时尽管在法律上认定为初婚，但在百姓观念中仍属于二婚，类似这样的精神损失需要法官根据具体案情予以判断。

主持人：在婚姻里，我们总会遇到各种各样的事情，比如，刚刚谈婚论嫁的新人，彩礼、嫁妆说不明白，我最近就看到一个刚结婚三个月就分手的案例：小张经人介绍认识了姑娘小丁，两人登记结婚，小张家给了小丁家彩礼和酒席费共 186,000 元。结婚不久，小丁即以小张婚后就去外地工作不回家为由提出离婚。小张要求退还部分彩礼钱遭拒，小丁表示操办婚礼过程中已经把钱花光。

主持人：吴老师，《民法典》对彩礼、嫁妆的问题又是怎么说的？

吴老师：最高人民法院《关于适用〈中华人民共和国民法典〉婚姻家庭编的解释（一）》第 5 条规定：当事人请求返还按照习俗给付的彩礼的，如果查明属于以下情形，人民法院应当予以支持：（1）双方未办理结婚登记手续；（2）双方办理结婚登记手续但确未共同生活；（3）婚前给付并导致给付人生活困难。适用第 2、3 项的规定，应当以双方离婚为条件。本案中，小张和小丁已经办理了结婚登记手续且确实共同生活过，不符合法律规定的应当返还彩礼的情形。

主持人：人们常说婚姻是“有福同享，有难同当”，但是如果莫名其妙背上了对方的债务，还能共同承担吗？

比如下面这个案例：方先生于 2015 年通过婚恋平台认识了袁女士（化名），两人相处一周后闪婚。2021 年 5 月，方先生的母亲很着急地联系上儿子，询问他是否清楚袁女士向其表妹借钱的事。方先生通过调查得知，妻子婚内不忠，跟一名男子维持不正当男女关系长达半年之久。同时，他发现妻子在各大网贷平台的借款累计应还本息超过 100 万元。妻子的同事也告诉方先生，袁女士前后向其借款80万元，还向其他同事借了钱。

据该同事透露，2020年，袁女士生日当天请大家到酒吧玩耍，其间认识了一个男模，当晚给了对方1万元小费，且每次买酒都花费四五万元。了解到妻子已欠债高达230余万元，方先生非常气愤，决定离婚，但对方在婚姻存续期间偷偷欠下的大额债务又让他有些担心。

吴老师，如果方先生提出离婚，是否需要担负这个债务呢？

吴老师：不需要。根据《民法典》的相关规定：夫妻双方共同签名或者夫妻一方事后追认等共同意思表示所负的债务，以及夫妻一方在婚姻关系存续期间以个人名义为家庭日常生活需要所负的债务，属于夫妻共同债务。本案中，袁女士因为出轨等原因而对外欠了不少债，不属于《民法典》规定的关于夫妻共同债务的三种例外情形，所以应该属于妻子的个人债务，方先生提出离婚不需要担负这些债务。

主持人：如果我借钱给朋友，但是他恶意离婚净身出户，这个钱还能追回吗？

吴老师：可以追回。夫妻双方共同签名或者夫妻一方事后追认等共同意思表示所负的债务，以及夫妻一方在婚姻关系存续期间以个人名义为家庭日常生活需要所负的债务，属于夫妻共同债务。夫妻一方在婚姻关系存续期间以个人名义超出家庭日常生活需要所负的债务，不属于夫妻共同债务；但是，债权人能够证明该债务用于夫妻共同生活、共同生产经营或者基于夫妻双方共同意思表示的除外。离婚时，夫妻共同债务应当共同偿还。共同财产不足清偿或者财产归各自所有的，由双方协议清偿；协议不成的，由人民法院判决。根据法律的规定，如果能够证明债务用于夫妻共同生活、共同生产经营或者基于夫妻双方共同意思表示，属于夫妻共同债务，当事人的离婚协议或者人民法院的判决书、裁定书、调解书已经对夫妻财产分割问题作出处理的，债权人仍有权就夫妻共同债务向男女双方主张权利。

主持人：如何来认定夫妻共同财产？

吴老师：对于夫妻共同财产，《民法典》有如下规定：夫妻在婚姻关系存续期间所得的下列财产，为夫妻的共同财产，归夫妻共同所有：（1）工资、奖金、劳务报酬；（2）生产、经营、投资的收益；（3）知识产权的收益；（4）继承或者受赠的财产，但是本法第 1063 条第 3 项规定的除外；（5）其他应当归共同所有的财产。夫妻对共同财产有平等的处理权。

主持人：婚姻不是儿戏，在挑选伴侣的时候也要擦亮双眼，吴老师，作为身经百战的法律专家，关于婚姻家庭，您有什么建议？

吴老师：婚姻家庭是很多人所经历的也是很多人所向往的，婚姻家庭美满幸福是我们的真挚期盼。现在的我们身处法治社会，在追求幸福美满的婚姻的同时，也要保证我们自身的权益不受到侵害，用法律保护我们自己。

有问有答

问：小清和妻子刚结婚就口头约定，婚后两人挣的钱归各自所有，家庭开销平分。就这样过了 5 年，现在他们感情不和准备离婚，小清现在有存款 100 万元，而他妻子有存款 10 万元。但是，现在妻子要求跟小清平分全部存款，小清觉得两个人早有约定，为什么还要平分。妻子的要求可以得到法律支持吗？

答：妻子的要求可以得到法律支持。《民法典》第 1065 条规定，夫妻财产约定应当采用书面形式。所以，虽然小清和妻子口头约定了财产归各自所有，但是没有落实到纸面上，离婚时还是要按照夫妻共同财产来处理。

【法律依据】

《民法典》

第一千零六十二条 夫妻在婚姻关系存续期间所得的下列财产，为夫妻的共同财产，归夫妻共同所有：

（一）工资、奖金、劳务报酬；

（二）生产、经营、投资的收益；

（三）知识产权的收益；

（四）继承或者受赠的财产，但是本法第一千零六十三条第三项规定的除外；

（五）其他应当归共同所有的财产。

夫妻对共同财产，有平等的处理权。

第一千零六十四条第一款 夫妻双方共同签名或者夫妻一方事后追认等共同意思表示所负的债务，以及夫妻一方在婚姻关系存续期间以个人名义为家庭日常生活需要所负的债务，属于夫妻共同债务。

第一千零八十九条 离婚时，夫妻共同债务应当共同偿还。共同财产不足清偿或者财产归各自所有的，由双方协议清偿；协议不成的，由人民法院判决。

第66讲

家里那“典”事儿

主持人：无论是买房还是租房，都很有可能遇到一些纠纷或者疑问，那么《民法典》关于房子有什么规定吗？请吴老师简单给我们举例说说。

吴老师：《民法典》新增了房屋“居住权”的规定，居住权人有权按照合同约定，对他人的住宅享有占有、使用的用益物权，以满足生活居住的需要。《民法典》对房屋买卖也有新的规定：抵押中的房产，不用解押可直接过户。抵押期间，抵押人可以转让抵押房产。当事人另有约定的，按照其约定。抵押房产转让的，抵押权不受影响。

主持人：房子是用来住的，但是有的人有不止一套房，上次我看新闻说有个业主都忘了自己还有一处房产，房子空置了3年，他才现身。物业公司想让业主补交物业费，业主却表示没有享受物业服务，拒交这笔费用。根据《民法典》，业主可以拒交吗？

吴老师：不可以拒交。按照《民法典》的规定：业主应当按照约定向物业服务人支付物业费。物业服务人已经按照约定和有关规定提供服务的，业主不得以未接受或者无须接受相关物业服务为由拒绝支付物业费。业主违反约定逾期不支付物业费的，物业服务人可以催告其在合理期限内支付；合理期限届满仍不支付的，物业服务人可以提起诉讼或者申请仲裁。物业服务人不得采取停止供电、供水、供热、供燃气等方式催交物业费。所以，不管房子是否空置，按照规定，业主都应该向物业交纳物业费。

主持人：物业和业主的纠纷还挺常见的，经常听朋友抱怨楼道到处是广告、楼道脏乱，如果遇到这样的情况，物业有没有责任？

吴老师：物业是有责任的。物业服务人应当按照约定和物业的使用性质，妥善维修、养护、清洁、绿化和经营管理物业服务区域内的业主共有部分，维护物业服务区域内的基本秩序，采取合理措施保护业主的人身、财产安全。楼道在物业的服务区域内，物业应保证楼道的卫生，及时清洁。

主持人：您在从业过程中遇到过的比较常见的物业和业主的纠纷有哪些？

吴老师：比如，业主不满物业的服务，是否可以更换物业，这个问题困扰了很多人。按照《民法典》的规定：业主依照法定程序共同决定解聘物业服务人的，可以解除物业服务合同。决定解聘的，应当提前60日书面通知物业服务人，但是合同对通知期限另有约定的除外。根据法律规定，如物业工作人员没有正规培训，管理杂乱无章，或粗暴无端，业主有权依法更换、辞退该物业公司。又如，业主委员会作出的决定侵害了业主的合法权益，业主该如何做。这个决定如果是在2021年1月1日之前作出的，受侵害的业主可以根据《物权法》第78条第2款的规定，在知情或者应该知情的1年内提起撤销决定的诉讼，进行维权。这个决定如果是在2021年1月1日之后作出的，则根据《民法典》第 280 条和第 152 条的规定，在知情或者应该知情的 1 年内，向人民法院请求予以撤销。

主持人：话说回来，房子是用来住的，可不是用来炒的。我们常说老有所居，老有所养，老人打算把名下唯一的房产过户给子女，又担心子女把房子卖掉，自己无处养老，这可怎么办呢？

吴老师：根据《民法典》的规定：居住权人有权按照合同的约定，对他人的住宅享有占有、使用的用益物权，以满足生活居住的需要。其实就是在房子上设立一个居住的权利，让老人能一直住下去。《民法典》出台之后，老人可以与子女签订居住权合同，约定把房子过户给子女之后，在有生之年一直住在这个房子里。如此，即便子女不孝也不能撵走老人，老人可以行使居住权，达到老有所居的目的。而且，房屋居住权是房屋的所有权人对特定的人设立的，所以房屋的居住权是不能转让或者继承的。居住权一旦确认，撤销只有两种方式：享有居住权的当事人同意撤销居住权，或者当事人死亡。

主持人：虽然说质疑自己的子女听起来有些不和谐，但是老年人也要考虑好自己的后半生，用法律提前解决不必要的麻烦，快乐养老。相信作为子女也会理解父母的良苦用心！现在年轻人也非常地上进努力，很多年轻人通过自己的努力在婚前就购置了房产，那么，结了婚，婚前购置的房产可以算作夫妻共同财产吗？

吴老师：不可以算作夫妻共同财产。《民法典》第 1062 条规定：夫妻在婚姻关系存续期间所得的下列财产，为夫妻的共同财产，归夫妻共同所有：（1）工资、奖金、劳务报酬；（2）生产、经营、投资的收益；（3）知识产权的收益；（4）继承或者受赠的财产，但是本法第1063条第3项规定的除外；（5）其他应当归共同所有的财产。夫妻对共同财产，有平等的处理权。根据法律规定在婚前买的房子不属于夫妻共同财产，属于夫妻一方的个人财产。

主持人：那如果是婚后购置，但是一方出资购买的房产呢？

吴老师：这个问题比较复杂，要分情况来看。如果是婚后一方用自己的工资、生产、经营、投资的收益等购买的房屋，符合《民法典》中规定属于夫妻共同财产的情形，也相当于用夫妻共同财产购买了房屋，房产是夫妻共同财产。如果是婚后一方用自己婚前的个人财产购买的房屋，一方的婚前财产是夫妻一方的财产，不属于夫妻共同财产，也不会随着时间转化为夫妻共同财产，因此，一方用婚前的个人财产购置的房屋所有权仍归个人所有。但是，若双方另外约定为共同财产的，也可以由夫妻共同所有。

主持人：这个问题可真不是那么简单，涉及了方方面面的法律知识，只有学好法律才能更好地保护自己的权益。有人买房，有人租房，这都是个人的选择，在租房的过程中，纠纷也是时常发生的，是这样吧，吴老师？

吴老师：首先，有的承租人在与出租人签订租赁合同后，又将房屋转租给不知情的第三人，以致房屋的出租人利益受损，由此引发的纠纷十分常见。其次，由房屋租赁合同的一方当事人单方面解除合同引发的纠纷。最后，承租人在租赁期间遭受了财产损失，比如遭窃，因此承租人主张出租人没有妥善尽到防护责任，双方在责任划分上意见不一致而引起的纠纷等。

主持人：这种纠纷确实经常发生，我朋友之前遇到过一件更过分的事情，出差两个月回来，发现租的房子换锁了。打房东电话却被告知，房子已经被卖出。吴老师，《民法典》是如何保护租房者的权益的？

吴老师：《民法典》中有很多条款都能够保护承租人的权益。比如，《民法典》第725条对买卖不破租赁原则作出了规定："租赁人在承租人按照租赁合同占有期限内发生所有权变动的，不影响租赁合同的效力。"在租赁关系存续期间，即使房屋所有人将房屋让与他人，对合法的租赁关系也不产生任何的影响，新的房屋所有人不能以其已成为房屋的所有人为由，要求承租人返还房屋，不仅如此，合法转租合同的内容与效力也不受影响。

主持人：很多人租房会找第三方，也就是我们常说的中介，但有的房主在看房时会暗示租房者可以跳过中介直接签合同，省去一笔中介费，听起来好像真的挺划算啊。

吴老师：根据《民法典》的规定：委托人在接受中介人的服务后，利用中介人提供的交易机会或者媒介服务，绕开中介人直接订立合同的，应当向中介人支付报酬。这一条文规制的是"跳单"行为，也叫"跳中介"，是指合同的一方或者双方当事人已经与中介人订立了合同，中介公司已经按照协议履行了提供中介信息并促使买卖双方见面洽谈等促进交易的义务，一方或双方为了规避或减少按照协议约定履行向中介人交付中介费的义务，跳过中介而私自直接签订合同的行为。只要委托人是利用中介人提供的信息、机会等条件，而又故意绕开中介人，与第三人订立合同，此时就构成了"跳单"，双方当事人应当承担向中介人支付报酬的义务，否则中介有权起诉。

主持人：那租赁房屋里的东西坏掉应该谁来维修？

吴老师：根据《民法典》的规定，出租人应当履行租赁物的维修义务，但是当事人另有约定的除外。因此，租赁房屋内设施设备维修义务的确定，首先应以双方租赁合同的约定为准，没有约定的要由出租人负责维修。承租人应当妥善保管租赁物，因保管不善造成租赁物毁损、灭失的，应当承担赔偿责任。《民法典》同时也规定了，因承租人的过错致使租赁物需要维修的，出租人不承担相应的维修义务。因此，租客在使用屋内配置设施时，应当避免毁损、灭失，否则应承担赔偿责任。

主持人：所以说，签订合同的时候，一定要看清条款，无论你是业主还是租房者，都得重视合同。关于租房或者买房，吴老师，您有什么好的建议？

吴老师：在买房时不仅需要查询房屋的权属、司法查封、设立抵押等情况，还应注意查询房屋是否登记有居住权。在租房时要查询房产证等证件，也要弄清出租人是否有权把房租给你，在签订租房合同时要看清条款。一旦发现自己的合法权益受到了侵害，要用法律保护自己的权益。

【法律依据】

《民法典》

第三百六十六条　居住权人有权按照合同约定，对他人的住宅享有占有、使用的用益物权，以满足生活居住的需要。

第四百零六条　抵押期间，抵押人可以转让抵押财产。当事人另有约定的，按照其约定。抵押财产转让的，抵押权不受影响。

抵押人转让抵押财产的，应当及时通知抵押权人。抵押权人能够证明抵押财产转让可能损害抵押权的，可以请求抵押人将转让所得的价款向抵押权人提前清偿债务或者提存。转让的价款超过债权数额的部分归抵押人所有，不足部分由债务人清偿。

第七百一十二条　出租人应当履行租赁物的维修义务，但是当事人另有约定的除外。

第七百一十四条　承租人应当妥善保管租赁物，因保管不善造成租赁物毁损、灭失的，应当承担赔偿责任。

第七百二十五条　租赁物在承租人按照租赁合同占有期限内发生所有权变动的，不影响租赁合同的效力。

第九百四十二条　物业服务人应当按照约定和物业的使用性质，妥善维修、养护、清洁、绿化和经营管理物业服务区域内的业主共有部分，维护物业服务区域内的基本秩序，采取合理措施保护业主的人身、财产安全。

对物业服务区域内违反有关治安、环保、消防等法律法规的行为，物业服务人应当及时采取合理措施制止、向有关行政主管部门报告并协助处理。

第九百四十四条　业主应当按照约定向物业服务人支付物业费。物业服务人已经按照约定和有关规定提供服务的，业主不得以未接受或者无需接受相关物业服务为由拒绝支付物业费。

业主违反约定逾期不支付物业费的，物业服务人可以催告其在合理期限内支付；合理期限届满仍不支付的，物业服务人可以提起诉讼或者申请仲裁。

物业服务人不得采取停止供电、供水、供热、供燃气等方式催交物业费。

第九百四十六条 业主依照法定程序共同决定解聘物业服务人的，可以解除物业服务合同。决定解聘的，应当提前六十日书面通知物业服务人，但是合同对通知期限另有约定的除外。

依据前款规定解除合同造成物业服务人损失的，除不可归责于业主的事由外，业主应当赔偿损失。

第九百六十五条 委托人在接受中介人的服务后，利用中介人提供的交易机会或者媒介服务，绕开中介人直接订立合同的，应当向中介人支付报酬。

后　记

自从离开机关进入律师行业以来，不管是基于不忘初心的法律情怀，还是出于律师职业的需要，法治的种子一直深埋在我的心里并生根发芽，对法律的社会治理功能有莫名持久的热衷与关注，每当看到社会矛盾纠纷在法律和情理的框架下得以化解，我总会觉得释然和欣慰。

作为一部权利法，《民法典》的出台让尊重和保障人民权利的立法目的得到彰显，人民群众对这部法典抱有很高的期待，这也是新中国立法史上具有里程碑意义的大事。《民法典》的贯彻实施可以有效保障人民群众的权益，促进法治国家、法治政府和法治社会建设，推进社会治理走向法治化轨道。

基于《民法典》对社会生活所产生的深刻影响，自《民法典》颁布之初，我们就和昌平区融媒体中心进行积极沟通，双方都认识到《民法典》将对社会产生深刻影响，可以说是一拍即合，于是昌平区融媒体中心及时在昌平广播电台开设“民法一典通”专栏，由我担任特邀嘉宾，和郝金钰、王勤两位主持人搭档，针对《民法典》的重点条款，结合发生在群众身边的案例故事，向社会大众解读《民法典》，经过近一年半的时间，我们先后录制《民法典》专题节目 68 期，在广播电台上播放，积极向社会各界宣传《民法典》，很多听众都给我们反馈了信息，收到了良好的宣传效果。《民法典》要深入人心，需要长期坚持，为此，我们还邀请法官和专家教授等，在官方公众号开通了“跟着法官学法典”等专栏，推动《民法典》的宣传贯彻。

在推进《民法典》的宣传过程中，我们也是边学习边摸索，有时需要查阅大量资料和案例，才能吃透法律条款的具体含义，对此，我要非常感谢郝金钰和王勤两位主持人，他们对每期的节目选题和录制都付出了大量心血。同时，还要照顾到我的工作情况，总是在我方便的时候安排去录制节目并认真剪辑，也正因如此，朋友们才可以在阅读本书的时候听到“民法一典通”的音频素材。我也非常感谢北京市惠诚律师事务所热心的同事们，他们对本书内容的选择毫无保留地提出修改意见，体现出律师严谨的法律思维和职业操守。我也非常感谢律所主任范世汶先生，他无私的帮助才让此书有幸与读者们见面。法律出版社编辑周洁女士为本书的出版不辞辛苦地努力，让我深深地感受到她的敬业精神，这也是我学习的榜样。

由于要感谢的人太多太多，在此就不一一赘述。古语有云：“三十而立，四十不惑，五十而知天命。”人虽至中年，但依然摆脱不了少年时的梦想，那就是坚守法律人的本心，“世间如若此般好，愿以我血祭轩辕”的书生意气依然挥之不去，于是选择离开体制自谋职业。法律职业这条路未必一马平川，但每次能为社会或者个人提供一点点力所能及的帮助与服务，我都会很欣慰。如果每个法律人都是照亮夜空的一颗星星，那这个夜空不仅璀璨，也充满柔情。回望来时路，山水空蒙；乘舟而去，晴空万里抑或万顷波涛，有无之间，皆是人生！

这与其说是后记，不如说是新的开始！

吴　锋

2022 年 6 月 25 日于京郊昌平